KEINER VERLÄSST DEN SAAL!

UNI-ANEKDOTEN

gesammelt von Prof. Dr. Günter Lehmann

EULENSPIEGEL VERLAG

Inhalt

Vorbemerkung

Professoren hören sich am liebsten selbst reden und sind allzeit zerstreut; ihre Studenten sind keinen Deut besser und noch dazu stinkfaul. Zu viel der Klischees? Ja und nein, denn natürlich geht es an Hochschulen und Universitäten um seriöse Wissenschaft, aber manchmal … ja, manchmal kann sich Assistent D. die Pointe einfach nicht entgehen lassen, und Student L.s Antwort ist an Unbeholfenheit kaum zu überbieten.

Als langjähriger Dozent für Ingenieurpädagogik an der Technischen Universität Dresden habe ich in meiner Laufbahn einiges miterlebt und vor allem gut zugehört, wenn beim Plausch am Kaffeeautomaten oder am Mensa-Tisch Lustiges und Skurriles zum Besten gegeben wurde. Mehr als zweihundert anekdotische Begebenheiten habe ich zusammengetragen. Dabei halte ich mich an das Credo, das Friedrich Torberg dem alten Raabe-Jenkins vom Prager Tageblatt in den Mund legt: Wahr ist egal – gut muss die Anekdote sein.

Wer jemals seinen Fuß in eine Universität gesetzt hat, weiß: Sie ist ein Taubenschlag – bunte und graue Vögel aller Art treffen aufeinander. Dass es dort nicht um trockene Lehrbuchherbetung geht, sondern um lebendige Tradition und Interaktion, ist wichtig. Die gesammelten Denkwürdigkeiten voller Alltagskomik und Witz mögen dieses belegen, ohne ein gesundes Maß an Ehrwürdigkeit zu beschädigen. Lehrende, Lernende, Ehemalige und Interessierte werden hoffentlich ihre Freude daran haben. Daher schließe ich guten Gewissens mit Walter Benjamin: »Nur nebenbei sei angemerkt, dass es fürs Denken gar keinen besseren Start gibt als das Lachen.«

Prof. Dr. Günter Lehmann

DIE GEISTESWISSENSCHAFTLER

■ Literaturprofessor S. ärgerte sich über einen Kollegen, der die Veröffentlichungen von S. hemmungslos kopierte. »Dem schamlosen Plagiator habe ich das Handwerk gelegt«, erzählte Professor S. eines Tages schmunzelnd. »Ich habe einfach zwei Jahre nichts mehr geschrieben. Da war der Kerl pleite.«

■ Professor Sch. war dafür bekannt, dass er seine Vorlesungen sehr genau ausarbeitete und sich streng an seine Skripte hielt. In einem Semester kam er schneller voran als geplant, so dass er zwei Wochen vor Semesterende mit seinem Stoff fertig war. So gab er den Studenten bekannt, dass, soweit es ihn betreffe, die Ferien begonnen hätten. Der Dekan bekam Kenntnis davon und befragte Sch., warum er vorzeitig seine Vorlesungen abgebrochen habe. Daraufhin packte der Professor seine Vorlesungsmanuskripte zusammen und schickte sie mit dem Zusatz an den Dekan: »Ich bin gern bereit, weiter vorzutragen, wenn man mir die vermissten Ausführungen in meine Manuskripte hineinschreibt.«

■ Privatdozentin S. träumte von einer großen Karriere als Wissenschaftlerin. Eines Tages wurde sie von einer Dame auf der Straße angesprochen: »Sagen Sie bitte, waren Sie nicht letztes Jahr auf dem Internationalen Fachkongress in K.?«

Frau S., in der beglückenden Annahme, man erinnere sich an ihren Vortrag, bejahte dies erfreut.

»Dachte ich es mir doch. Ich habe das Kleid gleich wiedererkannt, das Sie damals getragen haben.«

■ Kommunikationsprofessor D. vermied am Freitag wichtige Unternehmungen. Nach seiner Auffassung war Freitag ein Unglückstag. Ein Kollege hielt dagegen, dass wichtige Persönlichkeiten wie Napoleon Bonaparte, George Washington oder Konrad Adenauer an einem Freitag geboren worden seien.

»Und, was hat es ihnen genutzt?«, erwiderte der Professor. »Tot sind sie. Alle miteinander!«

■ Pädagogikprofessor P. trug vor Hochschullehrern der Ingenieurwissenschaften seine Erkenntnisse zur Erziehungstheorie vor. In der anschließenden Diskussion äußerte ein Ingenieur zweifelnd: »Mein gesunder Menschenverstand lehnt alle Dinge ab, die man nicht sehen und anfassen kann.« Gelassen antwortet der Pädagoge: »Lieber Herr Kollege, kommen Sie doch bitte nach vorn und legen Sie Ihren gesunden Menschenverstand hier auf den Tisch.«

■ Philosophieprofessor H., bekannt für seine Dialogmethode in der Lehrveranstaltung, behandelte mit seinen Studenten das Wesen der Dialektik. Er begann den Dialog wie folgt: »Stellen Sie sich vor, zwei Männer kommen in einen Gasthof. Der eine ist sauber, der andere ist schmutzig. Welcher von ihnen wird sich also waschen?«

Antwort: »Selbstverständlich der Schmutzige.«

»Falsch, der Saubere. Denn der ist an Sauberkeit gewöhnt. Ich wiederhole: Zwei Männer kommen in einen Gasthof, einer ist schmutzig, der andere sauber. Welcher wird sich waschen?«

Antwort: »Der Saubere.«

»Nein, der Schmutzige, denn der hat es nötig. Der Saubere ist doch ohnehin bereits sauber. Also, noch mal: Zwei Männer kommen in einen Gasthof. Der eine ist schmutzig, der andere ist sauber. Wer wäscht sich?«

■ Der Kommunikationswissenschaftler D. und der theoretische Physiker F. trafen sich auf einem Empfang des Rektors und tauschten in heiterer Stimmung Höflichkeiten aus.

Der Physiker zum Rhetoriker: »Ihre Aussagen, Herr Kollege, sind von genialer Einfachheit. Jeder versteht sie.«

Worauf der Rhetoriker erwiderte: »Ihre Wissenschaft ist ungleich genialer: Jeder bewundert sie, aber keiner versteht sie.«

■ Hermann K., Professor für Moderne Malerei an der Kunstakademie, war ob seiner futuristischen Werke umstritten und fand oft auch entschiedene Kritiker. Einmal fragte einer dieser Zweifler den Professor nach der Botschaft, die er mit seiner Maltechnik übermitteln wolle. Darauf antwortete Hermann K. lakonisch: »Ich überbringe keine Botschaften. Ich bin Maler und kein Postbote.«

■ Literaturprofessor K. bekam laufend Werke unbekannter Autoren zugeschickt und wurde um ein Urteil oder eine Empfehlung gebeten. Einmal schrieb er einem solchen Bittsteller zurück: »Ihr Stil ist flüssig, aber Ihr Buch ist überflüssig.«

■ Professor K. aus Rostock hielt sich für einen der bedeutendsten deutschen Pädagogen. Deshalb hegte er auch erheblichen Argwohn gegenüber anderen Pädagogen, die ihm seinen Ruf streitig machen wollten. Zu seinen Rivalen gehörte der Hallenser Professor J., mit dem er möglichst jede Begegnung vermied.

Auf einem Empfang anlässlich einer Tagung tauchte aber der Hallenser plötzlich vor K. auf und stellte sich betont höflich vor: »Gestatten – J. von der Hallenser Universität.«

Professor K. erstarrte, fasste sich aber bald und konstatierte sarkastisch: »So, so, dann sind Sie also auch an einer Hochschule tätig.«

■ Professor L. ließ sich in seinen Ethik-Vorlesungen lang und breit über Begrifflichkeiten aus. Zum Begriff »Klugheit« führte er aus: »Klugheit ist Lohn und Strafe zugleich. Der Lohn der Klugen besteht darin, dass sie die Dummheit der anderen erkennen. Die Strafe der Klugen besteht allerdings darin, dass sie nichts dagegen tun können.«

Die Weite des Begriffs »Ähnlichkeit« beschrieb er folgendermaßen: »Oft wird behauptet, dass wir Menschen uns alle ähnlich sehen. Wenn ich die Venus von Milo mit unserer Tante Wally vergleiche, muss ich sagen: So sehr nun auch wieder nicht.«

■ Professor K., ein anerkannter Sprachwissenschaftler, untersuchte die Rolle des Fremdwortes. Seine Ergebnisse veröffentlichte er in einer Studie zum Thema »Das Fremdwort als Lustobjekt von Professoren«, die mit der Schlussfolgerung endete: »Die inkommensurable Präferenz der Ordinarien für akkumulierte Latinismen manifestiert eine phylogenetische exzeptionelle Neukanalisation archaischer Triebpotenziale.«

■ Als sich zwei Philosophen auf einer wissenschaftlichen Tagung trafen, richtete der eine das Wort an den anderen: »Ihr neues Buch ist ganz ausgezeichnet, Herr Kollege, wer hat es denn geschrieben?«

Der konterte: »Sehr schön, dass Sie mein Buch kennen, wer hat es Ihnen denn vorgelesen?«

■ Minister B. brachte in einer Runde von Berufspädagogen seinen Unmut über den Zustand der beruflichen Bildung zum Ausdruck: »Es kann doch nicht der Sinn von Bildung sein, dass jeder Einsteins Relativitätstheorie erklären, aber keiner mehr einen Wasserhahn reparieren kann.«

Da erhob sich ein Zuhörer und bat den Minister, die Probe aufs Exempel machen zu dürfen. Nachdem er Zustimmung erhielt, wandte er sich an die Anwesenden und fragte: »Ist hier zufällig jemand, der uns Einsteins Relativitätstheorie erklären kann?« Keiner meldete sich. »Ist jemand unter Ihnen, der bei einem tropfenden Wasserhahn eine Dichtung einsetzen könnte?« Alle Hände gingen hoch. »Sehen Sie, Herr Minister, dann scheint die berufliche Bildung doch zu funktionieren!«

■ Der angehende Doktor V. hatte sich zu einem Treffen mit seinem Doktorvater auf dem Altmarkt verspätet. Eilig hielt er ein Taxi an und wies auf den Herren, der auf der anderen Seite des Platzes stand und auf die Uhr sah.

»Fahren Sie mich bitte dorthin.«

»Sie haben wohl Angst, bei diesem Verkehr über den Markt zu gehen?«, fragte der Taxichauffeur verwundert.

»Nein«, antwortete der junge Mann, »aber ich bin schon zwanzig Minuten über der Zeit. Wenn ich mit einem Taxi komme, sieht es wenigstens so aus, als hätte ich mich beeilt.«

■ Philosophieprofessor M. war ein gefragter Redner. Auf einer Veranstaltung der Universität in D. begann er wie folgt: »Meine Damen und Herren, meine Ausführungen gliedern sich in fünf Punkte. Ich nenne diese gleich am Anfang, damit Sie immer feststellen können, wie weit Sie noch vom ersehnten Ende meines Vortrages entfernt sind.«

■ Professor H. eröffnete seine Vorlesungsreihe zu philosophischen Fragen in der Technikentwicklung mit den Worten: »Gleich zu Anfang meiner Vorlesung möchte ich Ihnen den Unterschied zwischen Glauben und Tatsachen erläutern. Es ist eine Tatsache, dass Sie hier in diesem Hörsaal sitzen. Es ist ebenso eine Tatsache, dass ich hier stehe und zu Ihnen spreche. Aber es ist allein mein Glaube, der mich annehmen lässt, dass Sie dem zuhören, was ich zu sagen habe.«

■ Ein Literaturwissenschaftler dozierte vor Erstsemestlern: »Bücher haben Gewicht und Charakter. Sie fühlen sich gut an, und nichts riecht so gut wie ein neues Buch, besonders wenn man die Nase mitten zwischen die Seiten steckt, wo man noch den scharfen Geruch des Buchbinderleims spürt. Das Einzige, was da heranreicht, ist der pfeffrige Duft eines alten Buches. Das ist der Duft der Geschichte, und der Anblick eines neuen Buches ist für mich noch immer ein Blick in die Zukunft.«

■ Am Semesterende gab Philosophieprofessor J. seinen Studenten mit auf den Weg: »Die Philosophie ist kein rundes Ganzes; dass die geplante Vorlesung aufhört, bevor der Plan vollendet ist, ist wie ein Symbol der Unvollkommenheit der Philosophie – trotz gelungenen Philosophierens. Eine Vorlesung hört auf, das Philosophieren geht weiter.«

■ Zwei Philosophieprofessoren begegneten sich auf einem Kongress. »Wie fanden Sie mein neues Buch?«, fragte der eine.

»Zunächst fand ich es nicht«, entgegnete der andere, »weil es so klein ist, dass ich es völlig übersah. Nach allerlei Suchen fand ich es dann doch, aber als ich darin nach Klugem suchte, konnte ich nichts dergleichen finden.«

■ Der egozentrische Professor O. flog mit einem Kollegen von D. nach Köln/Bonn. Nach der Ankunft fragte der Kollege, ob ihm aufgefallen sei, dass er während des ganzen Fluges nur über sich selbst gesprochen habe. Professor O. antwortete mit einer Gegenfrage: »Kennen Sie ein besseres Thema?«

Auf der gemeinsamen Taxifahrt vom Flughafen nach Bonn sagte er plötzlich: »Eigentlich haben Sie recht, wir reden ja ständig nur über mich. Jetzt sollten wir mal über Sie reden. Sagen Sie, was hat Ihnen an meiner vielbeachteten letzten Veröffentlichung gefallen?«

■ Da Professor Sch. schlecht hörte, hatte er sich daran gewöhnt, auf die Mundbewegungen seines Gesprächspartners zu achten. Als er einmal seine Brille nicht dabei hatte und ein Student in der letzten Reihe aufstand und etwas fragte, verblüffte der Professor seine Hörer mit der Bemerkung: »Bitte sprechen Sie etwas lauter, ich habe meine Brille zu Hause vergessen!«

■ In der Pause eines pädagogischen Oberseminars sprach Professor L. seinen Kollegen Professor K. an, der allgemein als schwerhörig galt. Während der Unterhaltung bemerkte L., dass K.s angebliches Hörgerät nur der Kopfhörer eines Radios war, dessen abgeschnittene Kabel aus dem Hemdkragen herrausragten.

»Hören Sie damit eigentlich besser?«, fragte er ihn.

»Nein«, antwortete K. »Aber die Leute sprechen jetzt lauter.«

■ Privatdozent Dr. A. war bekannt dafür, dass er Studienarbeiten mit weitschweifigen Kommentaren versah. Eines Nachmittags fragte Professor L. einen Studenten, wie es mit der Arbeit vorangehe.

»Nicht besonders gut«, klagte der. »Heute Morgen habe ich von Dr. A. drei Kapitel zurückerhalten.«

»Das klingt aber doch vielversprechend«, sagte Professor L.

»Eigentlich nicht«, erwiderte der Student, »ich hatte ihm nur eines gegeben!«

■ Professor H. lud einen Doktoranden, mit dessen Arbeitsergebnissen er zufrieden war, zum Essen in das Mensa-Restaurant ein. Während er die Speisekarte studierte, klagte er über das Nachlassen seines Kurzzeitgedächtnisses. Plötzlich murmelte er: »Ich wünschte, man würde sich mit unserem Essen etwas beeilen.«

Verdutzt antwortete der Doktorand: »Aber Herr Professor, wir haben doch noch gar nicht bestellt.«

■ Studenten verglichen die Vorlesungen von zwei Professoren.

»Mir persönlich sind die von Professor A. lieber«, meinte ein Kommilitone.

»Und warum?«, fragte ein anderer.

»Professor A. sagt ›abschließend‹ und schließt. Aber sein Kollege sagt ›letztendlich‹ und endet letztlich nie.«

■ Soziologieprofessor S. war für seine Zerstreutheit bekannt. Eines Tages führte er ein Telefongespräch mit einem Kollegen und fragte am Ende, noch tief in Gedanken versunken: »Können wir uns morgen treffen?«

»Gern«, antwortete der Kollege.

»Aber wo?«

»Wo es dir recht ist.«

»Um welche Zeit?«

»Wann du willst.«

»Gut, abgemacht«, sagte Professor S. und legte auf.

■ Während einer Vorlesung legte Professor P. eine längere Denkpause ein. Das Auditorium wartete gespannt auf die Fortsetzung seiner Rede. Da platzte ein Student in die Stille: »Herr Professor, ich weiß, was Sie sagen wollen.«

»Komisch, ich weiß im Moment nur, was ich denke. Ob ich das, was ich denke, aber auch sagen will, das weiß ich noch nicht.«

■ Kommunikationsprofessor D. unterwies seine Studenten in der Kunst der Verhandlungsführung. Eine seiner Kernaussagen lautete: »Jeder schließt von sich auf andere und berücksichtigt nicht, dass es auch anständige Menschen gibt.«

■ Professor Sch. spielte oft den Advocatus Diaboli, wenn im Kreise seiner Studenten von übersinnlichen Kräften die Rede war. Eines Tages kam im Seminar das Thema Telekinese aufs Tapet. Es begann eine lebhafte Diskussion: Ist es nun möglich, Gegenstände durch die Kraft der Gedanken zu bewegen oder nicht?

Professor Sch. schaltete sich in den Streit ein: »Also, ich schlage vor, dass jeder, der an Telekinese glaubt, die Hand hebt.«

Alle Hände bis auf seine schossen in die Höhe.

»Und jetzt versucht doch mal alle miteinander, die ihr so fest an die Kraft des Gedankens glaubt, meine Hand zu heben!«

■ Ob seiner originellen Denkweise und humorvollen Reden war Philosophieprofessor K. ein vielumworbener Gast auf Gesellschaften. Einmal erhielt er von einer Dame eine Einladung zu einer spiritistischen Sitzung mit dem Wortlaut: »Lieber Herr Professor, es wäre mir eine große Ehre, Sie am kommenden Samstag zum Tischrücken in meinem Hause begrüßen zu dürfen.«

Professor K. antwortete: »Liebe gnädige Frau, ich bedauere unendlich, Ihrer liebenswürdigen Einladung nicht nachkommen zu können, aber ich bin zu eben diesem Termin bereits zum Rehrücken eingeladen.«

■ Professor L., der im Rahmen der Weiterbildung auch samstags dozierte, eröffnete einmal seine Lehrveranstaltung mit den Worten: »Millionen Menschen träumen vom ewigen Leben – derweil wissen die meisten nichts Vernünftiges mit einem Samstagvormittag anzufangen. Ich kann Ihnen zwar nicht das ewige Leben bieten, aber dafür ein Programm, mit dem Sie hoffentlich etwas anfangen können!«

■ Professor H., Mitglied einer Prüfungskommission, sagte zum Kandidaten: »Pater semper incertus est, mater semper certa est. Übersetzen Sie das, und kommentieren Sie es.«

Der Prüfling übersetzte: »Der Vater ist immer unentschlossen, die Mutter ist immer entschlossen.«

■ Professor T. bediente sich in seinen Vorlesungen einer bildreichen, manchmal sehr überschwänglichen Sprache. So formulierte er in einer Vorlesung an einer sächsischen Hochschule Anfang der fünfziger Jahre: »... Marx, Engels, Lenin, Stalin – jene Quadriga im Triumphwagen des Sozialismus!«

Ein Student hatte gegen diese Formulierung erhebliche Bedenken und protestierte, an die anderen Studenten gewandt, mit den Worten: »Hört, hört, Genossen, ob denn das zulässig ist? Er hat die Klassiker mit Pferden verglichen.«

■ Während eines fürchterlichen Wolkenbruchs schaute der dozierende Dr. R. auf seine Uhr und bemerkte: »Oh, meine Damen und Herren, ich fürchte, ich halte Sie zu lange auf.«

Aus der Tiefe des Hörsaals ein Echo: »Reden Sie ruhig weiter. Solange es regnet, ist das kein Problem.«

■ Kommunikationstrainer D. übte mit seinen Studenten die Interviewtechnik. Auf die Frage eines angehenden Journalisten: »Wie kann ich erkennen, ob die interviewte Person lügt?«, antwortete er: »Ganz einfach: Achten Sie vor allem auf die Körpersprache. Wenn er sich übers Haar streicht, sagt er die Wahrheit. Wenn er sich an der Nase kratzt – alles wahr. Wenn er ständig die Brille abnimmt und wieder aufsetzt – in Ordnung. Aber Vorsicht, wenn er den Mund aufmacht und die Lippen bewegt ...«

■ Die Studenten im Grundkursus »Geschichte der Pädagogik« waren überzeugt, dass der Dozent nichts von dem mitbekam, was sich im Hörsaal abspielte. Für gewöhnlich betrat er den Raum, schlug seine Unterlagen auf, hielt seine Vorlesung, klappte die Unterlagen wieder zu und verließ den Raum. Eines Tages stellten die Studenten eine brennende Kerze auf das Rednerpult, um festzustellen, ob er sich dazu äußern würde. Am Ende der Vorlesung klappte der Dozent wie immer sein Manuskript zu, ging zur Tür und drehte sich dann mit den Worten um: »Der Student, der heute ein Jahr alt geworden ist, darf jetzt seine Kerze ausblasen!«

■ Der selbstbewusste Pädagogikprofessor Z. antwortete auf den Vorwurf, seine Promotionsgutachten seien zu bissig: »Sie müssten erst mal wissen, wem ich alles in den letzten Jahren wohlwollend davon abgeraten habe, mich um ein Gutachten zu bitten.«

■ Kommilitone Fuchs, Musikstudent in D., zeigte einmal voller Stolz seinem Kompositionslehrer seine selbst verfasste Symphonie und bat um dessen Urteil.

»Fuchs, die haben Sie ganz gestohlen«, erklärte dieser.

■ Professor L. beendete seine Einführungsvorlesung zur Ingenieurpädagogik mit den Worten: »Alles, was ich Ihnen zu sagen hatte, ist fragwürdig – ich hoffe, des Fragens würdig und des Fragens wert.«

DIE JURISTEN

■ Der Zivilrechtler Professor S. verfügte über ein beachtliches Erzähltalent. So erklärte er in einer seiner Vorlesungen: »Der Kläger äußerte nach Verhängung einer Ordnungsstrafe, er pfeife auf den ganzen Prozess, fügte das voll ausgesprochene Götz-Zitat an und entfernte sich. Dadurch hat er zunächst in grob volkstümlicher und gleich darauf in unflätiger Weise, also sogar doppelt, die Zurücknahme der Klage ausdrücklich erklärt und durch seinen Abtritt nochmals bekräftigt.«

■ Repetitor M. trainierte mit Kandidaten für das erste juristische Staatsexamen die anwaltliche Argumentation im Strafverfahren. Ein Student verteidigte den fiktiven Mandanten in seinem Plädoyer mit den Worten: »Haben Sie Verständnis, hohes Gericht, seine Mutter hat ihn neun Monate praktisch direkt unter dem Herzen getragen!«

»Was soll das nun heißen«, unterbrach ihn der Repetitor, »tragen andere Mütter ihre Kinder vielleicht in einem Rucksack aus?«

■ Der Strafrechts-Professor Z. fragte einen Studenten in der Prüfung: »Welche Strafe steht auf Diebstahl?« Antwort: »Lebenslänglich.« Leicht irritiert wiederholte der Professor seine Frage. Aber der Kandidat beharrte auf seiner Antwort: Lebenslänglich. »Ach so«, entgegnete der Professor sarkastisch, »Sie meinen, wenn der Bestohlene ermordet wird. Da könnten Sie recht haben.«

■ In der mündlichen Prüfung für das zweite Staatsexamen wurde dem Rechtsreferendar H. die Frage gestellt: »Zwei neugeborene Mädchen werden in der Klinik von der Hebamme verwechselt. Was würden Sie zur Lösung des Problems tun?«

H. fragte höflich nach: »Steht eindeutig fest, dass die Säuglinge vertauscht wurden?«

»Das sagte ich bereits«, erwiderte ungeduldig der Prüfer.

»Dann würde ich sie einfach wieder austauschen«, entschied der Kandidat.

■ Candidat jur. A. trat mit mehreren Kommilitonen beim Verfassungsrechtler M. zur Prüfung an. Prof. M., ein gefürchteter Prüfer, wandte sich an A. mit der Frage: »Sagen Sie mir, warum prüfe ich Sie als Ersten?«

Ohne lange zu zögern antwortete der Kandidat: »Ich nehme an, weil mein Name mit A beginnt.«

»Falsch«, belehrte ihn M., »völlig falsch! Weil es in meinem freien Ermessen liegt!«

■ Ein Juraprofessor, dessen Vorlesungen ungemein ermüdend waren, konsultierte seinen Arzt. »Ich leide unter Schlaflosigkeit«, klagte er. »Meine Frau meint außerdem, ich höre immer nur mir selbst zu.«

»Das kann eigentlich nicht sein«, entgegnete der Arzt, »denn dann würden Sie schlafen.«

■ Der Zivilrechtler Professor Sch. pflegte seine Vorlesungen mit den Worten zu beginnen: »Meine Damen und Herren, was ist ein Zivilprozess? Ein Zivilprozess ist etwas sehr Schönes!« Kleine Pause und er fuhr fort: »Kein Zivilprozess ist etwas noch viel Schöneres!«

■ Professor J., der an der Universität in D. Bürgerliches Recht las, stellte in seinen Vorlesungen gern die Frage: »Wenn Sie auf den Rathausturm steigen und von oben herunterblicken, was sehen Sie dann?« Ohne auf eine Antwort zu warten, pflegte er fortzufahren: »Sie sehen Rechtsobjekte und Rechtssubjekte!«

■ Jurastudent K. hat die mündliche Prüfung im ersten Staatsexamen erreicht.

»Was ist Betrug?«, fragt der Examinator.

»Betrug ist, wenn Sie mich durchfallen lassen, Herr Professor.«

»Wie kommen Sie denn auf diese Idee?«

»Weil es Betrug ist, wenn einer die Unwissenheit eines anderen ausnutzt, um diesen zu schädigen.«

■ Professor G. von der Juristischen Fakultät, der auch eine Kanzlei betrieb, hatte eine neunzehnjährige Tochter. Eines Tages stellte sich der neue Freund der Tochter als ein sehr guter Student der Rechtswissenschaften im achten Semester vor. Der Vater nahm den jungen Mann zur Seite und sagte: »Wenn Sie wirklich ein so guter Student sind, so schauen Sie doch mal den Aktenstapel dort in der Ecke durch und prüfen dabei, ob Sie etwas mit dem Fall anfangen können.«

Einen Monat später erschien der junge Mann aufgeregt beim Professor und teilte ihm freudig mit, dass er den Fall mit Hilfe eines befreundeten Anwalts vor Gericht gewonnen habe. Darauf brüllte der Professor ihn wütend an: »Verlassen Sie augenblicklich mein Haus! Sie sind absolut unfähig! Von diesem Fall lebe ich seit zwanzig Jahren!«

■ Professor K., der Römisches Recht las, hatte Sinn für Ironie. Den Unterschied zwischen beweglichen und unbeweglichen Sachen erklärte er seinen Studenten wie folgt: »Ein Hase, der im Walde herumspringt, ist ein Bestandteil des Waldes und somit eine unbewegliche Sache. Kommt der Jäger und erschießt den Hasen, hört dieser auf, Bestandteil des Waldes zu sein und wird zur beweglichen Sache. Ein normaler Mensch kann das natürlich nicht begreifen. Um das verstehen zu können, muss man schon Jurist sein.«

■ Professor W.-D. war bisweilen zutiefst in Gedanken versunken, wenn ihn ein Problem beschäftigte. So begegnete ihm einmal beim Gang durch die Universität ein Assistent mit geschwollener Backe. Seinen Gruß erwiderte der Professor mit der gewohnheitsmäßigen Frage: »Wie geht es Ihnen?«

»Ich habe leider eine schreckliche Backenzahnvereiterung, Herr Professor«, antwortete der Assistent.

»Fein, fein!«, sagte Professor W.-D. und schritt in Gedanken versunken weiter.

■ Der Rechtswissenschaftler F. dozierte vor seinen Studenten: »Merken Sie sich für Ihre Laufbahn als Verteidiger, meine Damen und Herren: Sprechen die Tatsachen für Ihren Mandanten, hämmern Sie sie den Geschworenen ein. Haben Sie das Gesetz auf Ihrer Seite, hämmern Sie es den Richtern ein.«

Das Auditorium klopfte Beifall, doch der Professor winkte ab: »Doch das Wichtigste: Haben Sie weder die Tatsachen noch das Gesetz auf Ihrer Seite, dann hämmern Sie auf den Tisch ein.«

DIE MEDIZINER

■ Ein Kollege mutmaßte dem Dekan der Medizinischen Fakultät gegenüber: »Ich fürchte, wir haben auf Erden nicht sehr viele Freunde.«

Der Dekan erwiderte darauf lakonisch: »Im Jenseits sind es, fürchte ich, noch viel weniger.«

■ Für das Erste Staatsexamen in Tiergynäkologie mussten die Studenten Instrumente mit komplizierten, ausgefallenen Namen lernen. Während des anschließenden Praktikums standen die Studenten rund um einen Behandlungstisch. Plötzlich wandte sich der Professor an eine Kommilitonin: »Würden Sie mir bitte den Banzhaf holen?«

Die junge Frau wollte sich ihre mangelhafte Instrumentenkenntnis nicht anmerken lassen und huschte rasch aus dem Zimmer. Sie suchte dringend jemanden, der ihr sagen konnte, was ein Banzhaf sei. Das gelang ihr offenbar. Sie kam zurück mit dem Kollegen Banzhaf, den der Professor in diesem schwierigen Fall um seine Meinung bat.

■ Als Prüfender galt der Medizinprofessor S. als unerbittlich. Ein Student, der bei ihm wegen allzu großer Wissenslücken zum zweiten Male durchgefallen war, verkündete voller Wut im Kreise seiner Kommilitonen: »Ich werde dieses Ekel von einem Professor durch einen Stich mitten ins Herz umbringen.«

Natürlich erfuhr auch Professor S. von dieser Drohung. Gelassen winkte er ab: »Keine Angst, der weiß bei seinen mangelhaften Kenntnissen des menschlichen Organismus überhaupt nicht, wo das Herz sitzt.«

■ Ein Medizinstudent wurde in der Prüfung gefragt: »Wie viel würden Sie von diesen Tabletten dem Patienten geben?«

Die Antwort: »Vier Kapseln.«

Die Mitglieder der Prüfungskommission erstarrten vor Schreck. Der Prüfling bemerkte die Verwirrung und korrigierte sich rasch: »Entschuldigung, nur eine.«

»Zu spät«, sagte der Vorsitzende, »der Patient ist vor zehn Sekunden gestorben.«

■ Klaus-Peter B., Ordinarius für Chirurgie, war bekannt für seine direkte und etwas grobe Art. Eines Tages kam ein Patient zu ihm und klagte, er habe solche Schmerzen, dass er weder sitzen noch stehen und schon gar nicht liegen könne. Der Professor hörte sich gelassen die Klagen an und entgegnete kurz: »Dann bleibt Ihnen nur noch übrig, sich aufzuhängen.«

■ Ein Jurist und ein Mediziner stritten darüber, wer wohl den besten Beruf habe. »Ich habe einen wirklich wunderbaren Beruf«, behauptete der Anwalt: »Die Menschen kommen in meine Kanzlei, erzählen mir ihre Sorgen und bezahlen mich für meinen Rat.«

Der Mediziner setzte noch einen drauf: »Mein Beruf ist noch viel fantastischer. Zu mir in die Praxis kommen Menschen, erzählen mir ihre Sorgen, offenbaren ihre Intimsphäre, ziehen sich aus und bezahlen mich obendrein für meinen Rat.«

■ Der Dermatologe Professor N. stellte seinen Studenten in der Vorlesung eine Patientin vor: »Hier, meine Damen und Herren, haben Sie ein prächtiges Beispiel von Skrofulose. Sehen Sie bitte die triefenden Augen, das aufgedunsene Gesicht ...«

Die Frau unterbrach sichtlich verärgert seine Rede: »Na hören Sie, Herr Professor, der Schönste sind Sie auch nicht gerade.«

■ Im Vorzimmer von Professor K. lief folgender Dialog ab: »Herr Professor, ich würde alles, wirklich alles tun, um bei Ihnen die Prüfung zu bestehen«, sagte die atemberaubende Blondine.

»Alles?«, fragte der Professor.

»Alles!«, wiederholte das Mädchen mit einem Unterton, der ihre Absicht nicht verbarg.

»Dann lernen Sie, meine Liebe, lernen Sie.«

■ Medizinprofessor V. fragte einen Examenskandidaten nach der Herkunft des Wortes »Morphium«. In der Aufregung konnte der junge Mann aber diese Frage nicht beantworten. Der Professor wollte ihm eine Brücke bauen. Mit dem deutlichen Hinweis auf den griechischen Gott der Träume Morpheus fragte er nach: »Sie werden mir doch gewiss sagen können, in wessen Armen Sie ruhig und beglückt schlafen werden, wenn Sie Ihr Examen nun bestanden haben?«

Der Kandidat lief rot an und erwiderte verlegen: »Herr Professor, muss ich diese Frage unbedingt beantworten?«

■ Der Chirurg Professor L. legte großen Wert auf exakten mündlichen Ausdruck bei der Darlegung eines Sachverhalts. Dies praktizierte er auch konsequent bei mündlichen Prüfungen seiner Studenten. Bei einer dieser Prüfungen fragte er den Kandidaten: »Was tun Sie im Falle eines Vaginalkrampfes in der Kopula?«

Der Prüfling antwortete prompt: »Ich führe einen Finger gewaltsam in den Anus.«

Kritisch hinterfragte der Professor: »Ihm? Ihr? Sich? Oder mir?«

■ Der Genetikdozent erläuterte: »Manches vererbt sich. Wenn beispielsweise Ihr Großvater kinderlos war und auch Ihr Vater keinen Nachwuchs hatte, ist es durchaus denkbar, dass auch Sie nicht zeugungsfähig sind.«

■ Der Medizinprofessor erläuterte die einzelnen Partien des Gehirns: »Entfernt man einem Lebewesen einen bestimmten Teil des Gehirns«, begann er, »dann wird das Lebewesen bewegungsunfähig. Ich demonstriere Ihnen das an diesem Frosch, der sich nach Entfernung des besagten Teils nicht mehr bewegen kann.«

Kaum hatte der Professor das gesagt, sprang der Frosch mit einem Satz zur Seite. Es gab ein großes Gelächter. Als sich das Auditorium wieder beruhigt hatte, stellte der Professor trocken fest: »Es gibt keinen Grund zu lachen. Da können Sie mal sehen, wie wenig Hirn zu einem Seitensprung gehört.«

■ Der berühmte Professor K. aus Übersee war in das Test-Kolloquium einer deutschen Universität geladen. Der Veranstalter stellte ihn wortreich vor. Die Teilnehmer applaudierten anhaltend. Als der Beifall endlich verstummte, sagte K.: »Ich möchte Ihnen danken, dass Sie aufgehört haben zu klatschen. Es ist mir nämlich unmöglich, noch länger Bescheidenheit zur Schau zu tragen.«

■ Professor Sch. war ein Mann von ausgeprägtem Pflichtbewusstsein, der es aber stets eilig hatte und dies auch alle spüren ließ. So kam es, dass er eines Tages eine Assistentin mit den Worten begrüßte: »Guten Morgen! Leider habe ich im Moment keine Zeit, Sie zu fragen, wie es Ihnen geht.«

■ Beim Examen fragte der Professor den Medizinstudenten: »Wenn Sie einen Patienten bekommen, der alles hat: Pest, Cholera, Pocken, Aids, Lepra, Tuberkulose. Welche Therapie würden Sie vorschlagen?«

»Das ist ja tragisch«, meinte der Student. »Ich weise ihn auf die Isolierstation ein und verordne ihm zunächst eine Diät. Früh bekommt er einen Toast, mittags eine Pizza und abends ein Omelett.«

»Und das soll helfen?«, fragte der Professor verwundert.

»Das weiß ich natürlich noch nicht«, antwortete der Student, »aber es passt alles unter der Tür durch.«

■ Medizinprofessor T. war unter den Studenten als Tyrann verschrieen. Eines Tages, in der mündlichen Prüfung, wies er die Kommilitonen an, von den drei Stapeln mit Aufgabenpapieren auf seinem Pult je ein Frageblatt zu nehmen.

Ein Student hatte sich verspätet. Ängstlich und aufgeregt trat er ein, als dem Professor gerade sein allmorgendlicher Kaffee gereicht wurde. Mit gerunzelter Stirn betrachtete der Professor den unglücklichen Zuspätkommer und donnerte ihn an: »Na, bedienen Sie sich endlich!«

Mit vor Furcht geweiteten Augen griff der Student prompt nach der Tasse und trank den Kaffee. Das war übrigens das einzige Mal, dass man den Professor lächeln gesehen hat.

■ In seiner Vorlesung über Humangenetik hatte Professor S. seinen Studenten erklärt, dass der Mann es ist, der das Geschlecht des Kindes bestimmt. Er steuert bei der Zeugung entweder ein X- oder ein Y-Chromosom bei.

In der Prüfung stellte er dann die Frage, wie das Geschlecht eines Kindes bestimmt werde. Ein Student antwortete darauf: »Durch Untersuchung des Neugeborenen bei der Entbindung.«

■ Die medizinische Fakultät hatte ihr künftiges Erstsemester zu einer Immatrikulationsveranstaltung in das Auditorium maximum eingeladen. Der Dekan begrüßte die Studenten und führte in seiner Rede aus: »Die medizinische Wissenschaft hat in den letzten Jahren so erstaunliche Fortschritte gemacht, dass es für einen Arzt unmöglich geworden ist, einen Patienten für völlig gesund zu erklären.«

■ Während eines Ärztekongresses wurde der vortragende Professor dauernd von einem Kollegen unterbrochen. Als der Störenfried in Richtung Rednerpult rief: »Und warum geht die Geburtenrate ständig zurück?«, platzte ihm der Kragen. Er setzte die Brille ab, fixierte den Zwischenrufer und erwiderte eisig: »Wenn Sie über den Geburtenrückgang so beunruhigt sind, Herr Kollege, verstehe ich nicht recht, warum Sie sich auf diesem Kongress herumtreiben, anstatt zu Hause mit Ihrer Frau für bessere Zahlen zu sorgen!«

■ Professor L., Chef der Universitätsklinik, trat einmal, begleitet von seinem Stab und dem üblichen Gefolge, an das Bett eines an Delirium tremens Leidenden und fragte ihn: »Was ist ihr Beruf?«

»Musiker«, lautete die Antwort des Patienten.

L. dozierte: »Es ist eine bekannte Tatsache, dass das Spielen von Blasinstrumenten eine ausgesprochene Trockenheit in der Kehle erzeugt, so dass der Bläser durch den häufigen Genuss von meist alkoholischen Getränken außerstande gesetzt wird, seinen Beruf auszuüben. Was für ein Instrument blasen Sie?«

»Violoncello.«

■ B., später ein bekannter Chirurg und Professor in Innsbruck, war Schüler von Professor E. Als er einmal in der Klinik Dienst tat, wurde ein Mann eingeliefert, der besinnungslos auf der Straße zusammengebrochen war. Eine schnell durchgeführte Untersuchung ergab, dass der Bewusstlose eine harte Bauchdecke hatte, worauf B. alles für eine sofortige Operation vorbereiten ließ. Als man den Mann entkleidete, fand man an einer Schnur um den Hals ein Schildchen, auf dem stand: »Bin schon dreimal operiert. Leide an Epilepsie!«

■ Beim medizinischen Staatsexamen sah der Prüfende den stummen Kandidaten aufmunternd an und sagte: »Lieber junger Freund, antworten Sie ruhig. Ihre ärztliche Schweigepflicht hat noch nicht begonnen.«

■ »Meine Damen und Herren«, begann Medizinprofessor K. seine Krankendemonstration, »der intuitive ärztliche Blick, wie ihn die großen Heilkünstler aller Zeiten besessen haben, ist außerordentlich selten, und Sie werden wohl dem Patienten, den ich Ihnen hier vorstelle, sein Leiden kaum ansehen. Dennoch sage ich Ihnen, obwohl ich von diesem Kranken lediglich weiß, dass er Schuster heißt: Nach der Art seines Gesichtsausdrucks muss dieser Mann taubstumm sein!«

»Sie irren sich, Herr Professor«, unterbrach ihn der Patient. »Der Taubstumme ist mein Bruder, der vor der Tür wartet und erst nach mir drankommt!«

■ Der Internist B. konnte gegenüber Mitarbeitern und Patienten äußerst grob sein. Ein mutiger Patient hatte sich entschlossen, ihm seine Meinung zu sagen: »Herr Professor, wenn Sie gegen alle Patienten so grob sind wie gegen mich, wird sich kaum jemand für Sie erwärmen können.«

Ungerührt erwiderte B.: »Guter Mann, wichtiger ist, dass sich recht viele für mich erkälten.«

■ Professor K. diktierte seiner Sekretärin die Diagnose eines neuen Patienten in lateinischer Sprache.

»Ist die Krankheit, an der ich leide, wirklich so eine Seltenheit?«, fragte besorgt der Patient.

»Keine Spur«, antwortete K., »die Friedhöfe sind voll davon.«

■ Der Wiener Pharmakologe Professor B. war ein sehr trockener Vortragender. Hinzu kam, dass seine Vorlesungen in den frühen Nachmittagsstunden stattfanden, zu einer Zeit, in der die Hörer unter der üblichen Müdigkeit nach dem Mittagessen litten. Als B. wieder einmal vor seinen dahindösenden Studenten dozierte, entfuhr ihm etwas, was in der Fachsprache als »flatus« bezeichnet wird. Das weithin vernehmbare Geräusch schreckte die Studenten auf. Einige lachten unverhohlen. Als wieder Ruhe eingekehrt war, fuhr B. ungerührt fort: »Meine Herren, was ich soeben in Ihren Augen an Achtung verloren habe, habe ich an Wohlbefinden gewonnen.«

■ Privatdozent H. konnte auch im Privatleben kaum ausblenden, dass er Mediziner war. Als er einmal, wegen einer Autopanne schlecht gelaunt, in ein Landgasthaus einkehrte, trat die Kellnerin an seinen Tisch und begann aufzuzählen: »Also, ich habe eine zarte Kalbsbrust, frische Leber, saure Nieren oder …«

H. unterbrach ihre Aufzählung barsch: »Gute Frau, ich will nicht wissen, was Ihnen fehlt, ich will etwas zu essen haben!«

■ In einer Prüfung fragte der Vorsitzende: »Herr Kandidat, was bewirkt Chinarinde?«

»Einen Durchfall, Herr Professor!«

Darauf der Ordinarius: »Im Allgemeinen nicht, Herr Kandidat, in Ihrem speziellen Fall allerdings schon.«

DIE NATURWISSENSCHAFTLER

■ Einmal verbrachte ein Journalist einen halben Tag im Labor des Tieftemperaturphysikers K. Am Ende des Besuchs fragte er: »Was kann ich denn nun über Sie schreiben, Herr Professor?«

»Schreiben Sie, dass ich Rudi heiße und Bockwürste einfriere.«

■ Ein anderer Journalist wollte tiefere Beweggründe für die Tätigkeit des schrulligen Professors K. wissen. »Das Schaffen eines Wissenschaftlers entspringt doch sehr verschiedenen Motiven. Der eine folgt dem Erkenntnisdrang, der andere dürstet nach Geld, ein dritter nach Ruhm. Wie ist es bei Ihnen?«, lautete seine Frage.

Worauf K. kurz erwiderte: »Natürlich dürste ich auch. Aber gewöhnlich nach einem kühlen Bier.«

■ Als Professor K. gefragt wurde, ob er an der Beerdigung eines verstorbenen Kollegen teilnehme, brummte er als Antwort: »Was soll ich ihn noch verfolgen. Er hat mir doch nichts getan.«

■ Oberassistent K. erklärte Ingenieurstudenten in einer Übung in Mathematik das Prinzip der Mengenlehre: »Stellen Sie sich vor, in einem Raum befinden sich drei Leute. Wenn fünf rausgehen, dann müssen zwei wieder rein, damit der Raum leer ist. Haben Sie das kapiert?«

■ Der Chemiker M. pflegte regelmäßig mit seinen Kollegen in der Mensa das Mittagessen einzunehmen. Doch eines Tages brach diese Tradition ab. Er hatte geheiratet. Seine Kollegen waren daher überrascht, als er nach einiger Zeit wieder in der Mensa zum gemeinsamen Mittagstisch erschien.

Einer der Kollegen fragte ihn: »Nun, Herr Kollege, wie gefällt Ihnen eigentlich das Eheleben?«

Der Chemieprofessor blickte verdutzt auf, erhob sich und stotterte: »Eheleben? Ach ja … Entschuldigung! Hab ich ja ganz vergessen …« Rasch verließ er die Runde.

■ Der Mathematiker F. war umgezogen und wurde von der Dekanatssekretärin gebeten, für alle Fälle seine neue Telefonnummer anzugeben: »Zwei-Vier-Drei-Sechs-Eins!«

»Diese Nummer ist aber schwer zu behalten«, meinte die Sekretärin.

F. widersprach energisch: »Das ist doch kein Problem. Merken Sie sich einfach: zwei Dutzend und neunzehn hoch zwei.«

■ Der Psychologieprofessor H. ging mit seinen Studenten in die Bibliothek, um Beispiele für die Anwendung der Psychologie im Alltag zu suchen. Dort war es so ruhig und angenehm temperiert, dass einer der Studenten einschlief. Natürlich entdeckte der Professor den Schläfer und weckte ihn mit den Worten: »Na, wie läuft's? Haben Sie etwas gefunden?«

»Ja«, antwortete der Student. »Ich habe darüber nachgedacht, wie die Menschen früher die Psychologie benutzten, um einschlafen zu können. Vielleicht zählten sie Schafe. Das habe ich auch probiert.«

»Wie man sah, hatten Sie dabei Erfolg«, resümierte lächelnd der Professor.

■ Physikprofessor H. war ein leidenschaftlicher Kaffeetrinker. Grundsätzlich trank er den Kaffee ohne Milch und Zucker. Als man ihn einmal nach dem Grund fragte, erwiderte er: »Ganz einfach, auf diese Weise geht mehr von dem wunderbaren Getränk in meine Tasse.«

■ Assistent F. kam oft zu spät zur Universität. Einmal sollte er in einer Experimentalvorlesung assistieren und erschien erst gegen Ende der Veranstaltung. Nach der Vorlesung fuhr ihn der Professor an. »An Ihrer Stelle wäre ich gar nicht erst erschienen.«

»Entschuldigen Sie bitte, Herr Professor«, antwortete F., »aber da habe ich doch eine andere Auffassung von Pflicht.«

■ Professor R. war als harter Prüfer berühmt und berüchtigt. Wieder einmal blieben bei einer mündlichen Physikprüfung am Ende des Sommersemesters aus einer Vierergruppe angehender Bauingenieure drei Kommilitonen ohne Erfolg.

Der Professor stellte den drei Unglücklichen zum Abschluss eine Zusatzfrage: »Wenn Sie aus diesem Fenster schauen, was sehen Sie da?«

Der erste Student antwortete unsicher: »Den Himmel?«

R.: »Was noch?«

Der zweite: »Ein Dach.«

R.: »Aha, aber genauer!«

Der dritte: »Biberschwänze.«

R.: »Unsinn, ich meine die Oberfläche des Daches!«

Der erste: »Sie ist trocken.«

R.: »Gut, wie könnte sie noch sein?«

Der zweite: »Nass.«

Der dritte: »Mit Schnee bedeckt.«

R.: »Na bitte, meine Herrn, es geht doch. Was schlussfolgern Sie daraus? Ich werde Ihnen helfen: Wenn es schneit, sehen wir uns hier wieder.«

■ Psychologieprofessor Kalarsch leitete in jedem Semester seine Vorlesung mit den Worten ein: »Meine Damen und Herren, ich heiße Kalarsch. Die dazu passenden Witze sind alle schon gemacht worden. Ich danke Ihnen, meine Damen und Herren.«

■ Im Gedränge des Vorlesungsbetriebs trat ein etwas hektischer Student Professor R. auf den Fuß. Als er sich sofort entschuldigte, fuhr R. den jungen Mann an: »Ich habe ja nichts dagegen, wenn Sie in meine Fußstapfen treten wollen, aber warten Sie gefälligst solange, bis ich heraus bin.«

■ Professor L., als Chemiker ebenso passioniert wie als Gourmet, besuchte regelmäßig ein für seine vorzügliche Küche bekanntes Restaurant. Nachdem der Feinschmeckertempel seinen Besitzer gewechselt hatte, ging der neue Inhaber von Tisch zu Tisch, um die Gäste zu begrüßen. Als er zu L. kam, sprach er ihn an: »Guten Abend, Herr Professor, wie geht es Ihnen?«

Worauf der Professor antwortete: »Ihr Vorgänger hätte mich gefragt, wie es schmeckt.«

■ Mathematikprofessor K. besuchte einen Kollegen in der Philosophischen Fakultät. Auf dessen Arbeitstisch lag »Das Kapital« von Marx.

»Endlich einer«, witzelte der Mathematiker, »der mir das Verhältnis zwischen Kapital und Arbeit richtig erklären kann.«

»Das ist ganz einfach«, erwiderte der Philosoph, »wenn Sie mir jetzt tausend Mark leihen, habe ich ein Kapital. Die Mühe, die Sie aufwenden müssen, um das Geld zurückzubekommen, ist Arbeit.«

■ Professor L. las Mathematik für Ingenieure und war dafür bekannt, dass er in seinem Vorlesungsmanuskript jene Stellen markierte, an denen er einen Witz erzählen wollte. Da er dies von Semester zu Semester unverändert wiederholte, sprachen sich seine »Späße« rasch herum und waren den Studenten bereits bekannt.

Eines Tages trug er in seiner Vorlesung die mathematischen Reihen vor und stellte mit einem Blick in sein Manuskript fest, dass er einen Witz vergessen hatte. Rasch versuchte er, das Versäumte nachzuholen: »Zu Beginn meiner Ausführungen über die mathematischen Reihen pflege ich eigentlich einen Witz zu machen. Das habe ich unterlassen. Soll ich dies jetzt noch nachholen?«

Starker Beifall ermunterte den Professor dazu.

»Also gut, denken Sie sich einfach eine Reihe. Wir machen es vielleicht am besten mit unserem Alphabet: A, B, C, D, E, F, G, H, I, J, K. Wenn ich hier abbreche, was würde Ihnen dazu einfallen?«

Obwohl jeder wusste, was jetzt kommen würde, blickten alle aufs Höchste gespannt den Professor an.

»Das ist ein Kalauer, meine Damen und Herren! Das K lauert auf das L.«

Das Gelächter und der prasselnde Beifall der Studenten galten weniger der sattsam bekannten Pointe als der Schrulligkeit des Professors.

■ Professor R., Ordinarius für Physik, stellte im Fach Experimentalphysik einem Studenten die folgende Aufgabe: »Ich gebe Ihnen einen Stein und eine Taschenuhr. Sie steigen damit bitte auf den Turm des Bayer-Baus und messen mittels Bestimmung der Fallzeit die Höhe des Bayer-Baus.«

Der Student kam nach zirka zwanzig Minuten zurück und nannte dem Professor die Höhe des Turms. Auf die Frage, wie er sie bestimmt habe, antwortete der Student: »Ich habe die Fallzeit bis auf die Sekunde genau ermittelt, indem ich die Taschenuhr vom Turm herunterfallen ließ. Sie können sich selbst von der Fallzeit an der stehengebliebenen Uhr überzeugen.«

■ Professor K., seines Zeichens Ordinarius für Physik der Tieftemperaturen, ging nur ungern auf Gesellschaften, weil er die üblichen seichten Gespräche verabscheute. Einmal folgte er jedoch der Einladung zu einem Festessen, weil Gänsebraten, den er besonders liebte, angekündigt war. Der Zufall wollte es, dass er an der Tafel neben einer Philosophiedozentin platziert wurde, die er nicht sonderlich schätzte.

Während des Essen philosophierte die Dame: »Der Mensch ist das, was er isst.«

Worauf der Physiker ihr prompt die Schüssel mit dem Gänsebraten reichte und höflich fragte: »Wollen Sie dann nicht noch ein bisschen Gans, verehrte Frau Kollegin?«

■ Ein Assistent hatte Professor M. gebeten, als Trauzeuge bei seiner Eheschließung zu fungieren. Nun hatte der Professor vor der Trauung reichlich Kognak zu sich genommen. Er schlief während der ebenso langen wie langweiligen Rede des Standesbeamten ein und träumte offenbar von einer Kartenpartie. Als man ihn schließlich weckte, damit er seine Unterschrift unter den Trauschein setze, rief er schlaftrunken, aber laut: »Wer gibt?«

■ Professor K. hatte den Verdacht, dass einer seiner Studenten sich des Öfteren der großen Alkoholflasche im Labor bediente, allerdings nicht wegen chemischer Experimente. Deshalb klebte er an die Flasche ein Etikett mit der Aufschrift: »Vorsicht, Methylalkohol! Bei Genuss besteht die Gefahr der Erblindung!«

Als der Professor am nächsten Tag die Flasche inspizierte, fand er unter seiner Warnung einen Zettel mit der Aufschrift: »Habe ein Auge riskiert!«

■ In seiner Einführungsvorlesung für Neuimmatrikulierte platzierte Mathematikprofessor K. gern folgende Sentenz: »Sehen Sie, meine Damen und Herren, auch trockene Zahlen können überaus interessant sein. Wenn ich beispielsweise das Datum meiner Geburt mit meiner Telefonnummer multipliziere, so ergibt die dritte Wurzel aus dieser Zahl, vermindert um das Alter meiner Schwiegermutter, genau meine Hausnummer.«

■ Zum Weihnachtsfest erhielt Professor R. von einem Studenten eine Glückwunschkarte:

»Der liebe Gott weiß alles, ich weiß nichts!

Frohe Weihnachten!«

Professor R. antwortete darauf mit einer Neujahrskarte:

»Der liebe Gott erhält die Note 1, Sie die Note 5!

Prosit Neujahr!«

■ Professor B. wirkte in seinen Vorlesungen über Mathematik durch seine monotone Sprechweise ermüdend auf das Auditorium. Während er sein Manuskript zusammenpackte, hatten ihm die Kommilitonen unbemerkt einen großen Zettel auf den Tisch gelegt, auf dem in Latein die Worte standen:

»Die Schlafenden grüßen Dich.«

B. konterte in Deutsch: »Man soll eben nicht mit mathematischen Kanonen auf technische Spatzen schießen.«

■ Professor S., seines Zeichens Chemiker, dozierte vor Studienanfängern über die Elektronentransfer-Theorie. Er schrieb die Formel an die Tafel und sagte: »Wie Sie sehen, fehlt ein Elektron. Wo ist es?« – Schweigen.

»Na, wo ist das Elektron?«, fragte der Chemie-Professor nochmals.

Schließlich fasste sich ein Schalk unter den Studenten ein Herz und rief laut: »Keiner verlässt den Saal!«

■ »In meiner nächsten Vorlesung am kommenden Freitag«, erklärte der Psychologieprofessor seinen Studenten, »möchte ich über das Phänomen des Lügens sprechen. Zur Vorbereitung bitte ich Sie, das Kapitel 13 meines Buches zu studieren.«

In der Vorlesung am Freitag fragte er zu Beginn seine Studenten: »Wer hat das Kapitel 13 gelesen?«

Alle hoben die Hand.

»Mein Buch hat nur 12 Kapitel«, sagte der Professor. »Und jetzt zu meiner Vorlesung über das Lügen.«

■ Professor Z. hielt seine Vorlesung zwischen zehn und zwölf Uhr. Fünf vor zwölf öffnete sich die Tür des Hörsaales. Ein junger Mann trat ein und schritt gemessenen Schrittes, mit Stockschirm am Arm und Pfeife im Mund, die Treppen hinunter bis in die erste Reihe. Dort nahm er Platz und schaute gelassen zu dem Professor, dem es die Sprache verschlug. Als er sie wiederfand, herrschte er den vermeintlichen Studenten an: »Wissen Sie eigentlich, dass Sie viel zu spät kommen? Meine Vorlesung ist in wenigen Minuten zu Ende!«

Der junge Mann blickte auf seine Uhr, nickte und sagte: »In der Tat, Herr Professor Z., es lohnt sich wirklich nicht mehr«, erhob sich und schritt gelassen die Treppen empor zum Ausgang. Er wurde begleitet vom Beifall der anwesenden Studenten, die den jungen Schauspieler engagiert hatten, um ihren Professor zu ärgern.

■ Um zu beweisen, dass die Moleküle des Wasserstoffs auch sogenannte feste Substanzen durchdringen, pflegte Professor S. vor seinen Studenten eine rote Fußballblase mit Wasserstoff aufzufüllen. In einer Experimentalvorlesung an einer Technischen Hochschule in Sachsen im Juli 1951 erklärte er: »Meine Damen und Herren, nachdem die Blase mit dem Wasserstoff gefüllt wurde, die nunmehr an der Decke schwebt, wird sich bis morgen Vormittag erweisen, dass die Wasserstoffmoleküle durch den Gummi entwichen sind, und Sie werden sehen, dass die jetzt an der Hörsaaldecke schwebende Blase entleert am Fußboden liegt.«

Am nächsten Morgen ergab sich jedoch das Gegenteil. Die Fußballblase befand sich noch prall an der Decke!

Daraufhin Professor S.: »Meine Damen und Herren, das ist sehr merkwürdig. Ich habe nicht geahnt, dass die rote Blase so lange da oben bleibt.«

Gelächter und Getrampel im Hörsaal.

■ In einer Vorlesung zur Experimentalphysik wandte sich Professor S. mit der Frage an die Studenten: »Sagen Sie bitte, warum fällt eine Katze immer auf die Pfoten?«

Darauf der Student M.: »Durch Drehung des ausgestreckten Schwanzes erzeugt sie einen Drehimpuls und landet auf den Pfoten.«

Da forderte der Professor: »Mein Herr, führen Sie das doch bitte einmal vor.«

■ Professor W., Ordinarius der Physik, versuchte Medizinstudenten im Physikseminar eine Reihe komplizierter Begriffe nahezubringen. Ein Kommilitone fiel ihm mit der ziemlich respektlosen Frage ins Wort: »Warum müssen wir eigentlich dieses Zeug lernen?«

»Zur Rettung von Menschenleben«, antwortete der Professor und fuhr in seinen Ausführungen fort.

»Wieso denn das?«, bohrte der Student weiter.

»Weil es Ignoranten vom Medizinstudium abhält.«

■ Zwei Professoren, ehemalige Kommilitonen im Fach Chemie, der eine hager wie eh und je, der andere mit beträchtlicher Leibesfülle, begegneten sich auf einem Kolloquium. Der Dicke zum Dünnen: »Mensch Junge, wenn man dich sieht, denkt man an eine Hungersnot im Lande!«

Daraufhin der Dünne zum Dicken: »Und bei der Betrachtung deines Volumens meint man, du hättest die Hungersnot verursacht.«

■ Professor K. war wieder einmal dabei, alle verfügbaren Wandtafeln mit nahezu unleserlicher Schrift vollzuschreiben. Dieses löste erhebliche Unruhe im Hörsaal aus. Darüber verärgert, drehte er sich zu seinen Studenten um und sagte: »Wenn die da hinten genauso ruhig wären wie die, die in der Mitte sitzen und ihre Kreuzworträtsel lösen, dann könnten die in der ersten Reihe in aller Ruhe weiterschlafen.«

■ Professor Macke war viermal verheiratet. Nach der Scheidung von seiner ersten Frau erklärte er: »Wer nach der Scheidung wieder heiratet, verdient nicht, geschieden worden zu sein.«

Bald darauf heiratete er das zweite und kurz darauf ein drittes Mal. Als er schließlich zum vierten Mal, diesmal eine seiner Schülerinnen, zum Standesamt führte, trugen die Studenten ein Schild herum, auf dem man lesen konnte: »Wir haben jetzt endlich alle wieder eine Macke.«

■ Der Chemieprofessor führte dem Anfängersemester die Eigenschaften verschiedener Säuren vor.

»Jetzt lasse ich eine Silbermünze in dieses Glas mit Säure fallen. Wird sie sich auflösen?«

»Nein, Herr Professor!«, rief ein Student.

»Wirklich nicht?«, hakte der Professor nach. »Dann können Sie uns vielleicht erklären, warum sich die Münze nicht auflösen wird.«

»Weil Sie sie sonst nicht hätten hineinfallen lassen.«

■ Während einer Mathematikübung gab der Assistent die Anweisung an die anwesenden Studenten: »Der Herr Professor wird wahrscheinlich gleich zu uns kommen. Wenn ich eine Frage an Sie stelle, empfehle ich Ihnen, dass Sie alle die Hand heben! Wer die Antwort weiß, hebt die rechte Hand, wer sie nicht weiß, die linke.«

■ Ein schlecht vorbereiteter Kandidat, der die Vorlesungen und Übungen in Experimentalphysik nur sporadisch besucht hatte, trat zur Prüfung an und sagte etwas völlig Falsches.

Der Prüfer fragte darauf entsetzt: »Wo haben Sie denn diesen Blödsinn her?«

»Das hat der Reckneger geschrieben«, antwortete der Student.

»Jetzt passen Sie mal auf«, belehrte ihn der Professor. »Erstens: Der Mann heißt nicht Reckneger, sondern Recknagel. Zweitens: So einen Blödsinn hat Recknagel nie geschrieben. Drittens: Der Recknagel bin ich.«

■ Als die Studenten an einem Faschingstag in der Universität allerhand Allotria trieben, brachte ein Student einen kleinen Ziegenbock mit in den großen Hörsaal und hielt ihn dort, zwischen den Knien arretiert, versteckt. Während der Vorlesung ließ das Böckchen sich nicht mehr halten und rannte vor zu dem dozierenden Professor R. Gespannt und lachend harrten über sechshundert Kommilitonen auf das, was sich nun ereignen würde.

Doch R. blieb Herr der Situation. »Da können Sie mal sehen, welchen Zuspruch meine Vorlesungen finden«, sagte er und wandte sich mit der Bitte an seinen Assistenten, das »Tierchen« hinauszugeleiten, worauf das Auditorium in stürmisches Lachen ausbrach und Bravo rief.

■ In einem Seminar befassten sich angehende Nuklearphysiker mit einem Zwischenfall in einem Kernkraftwerk. Dort war Seewasser in das Kühlsystem des Reaktors eingedrungen.

»Was meinen Sie, was wird in diesem Fall passieren?«, fragte der Dozent.

Ein Student antwortete: »Der Neutronenfluss vom Reaktorkern bestrahlt die Natriumionen in den Salzmolekülen des Seewassers, so dass kurzfristig ein Natriumisotop entsteht. Dieses Isotop emittiert schwache Alphastrahlung. Die Alphateilchen setzen sich in den Zwischenräumen des Eisengitters der Stahllegierung der Kühlrohre fest und verursachen heiße Funken oder sogar Haarrisse, was unvermeidlich zum Entweichen radioaktiven Seewassers in die Umwelt führt.«

»Nein«, erwiderte der Dozent. »Die Rohre rosten.«

■ Wenn Professor L. mit einem Problem beschäftigt war, registrierte er seine Umwelt nur mit halber Aufmerksamkeit. Als er sich eines Morgens in die Universität begab, machte ihn ein Assistent darauf aufmerksam, dass der Professor einen braunen und einen schwarzen Schuh an den Füßen trage, und erbot sich, ihn zum Schuhwechsel nach Hause zu fahren. Dieser winkte mit den Worten dankend ab: »Hat keinen Zweck, zu Hause steht auch nur ein Paar Schuhe mit verschiedenen Farben.«

■ Der Physikprofessor Paul W., der im Jahr 1963 den Nobelpreis erhielt, war für seine Höflichkeit bekannt. Als er es einmal auf einem Parkplatz mit einem jähzornigen Passanten zu tun hatte, hörte er sich dessen Schimpfkanonade gelassen an und sagte schließlich: »Bitte, gehen Sie zum Teufel!«

■ Physikprofessor H. ging gedankenverloren entlang einer Häuserzeile spazieren. Plötzlich kam ein orkanartiger Sturm auf, und ein herabfallender Dachziegel streifte den Kopf des Professors. Als er aus einer leichten Ohnmacht erwachte, waren seine ersten Worte: »Ein Glück, dass die kinetische Energie $W = m \times v^2$ noch mal durch zwei geteilt wird.«

■ Die Professoren H. und K. verstanden sich nicht besonders. Als Professor K. Rektor wurde, erklärte Professor H.: »Ob K. ein guter Physiker ist, weiß ich nicht. Aber eines weiß ich: Er hätte auf jeden Fall Physiker bleiben sollen, statt Rektor zu werden.«

■ Professor L. las anorganische Chemie und war beim Experimentieren voll in seinem Element. Seinen Studenten erklärte er im Laborpraktikum: »Dies hier ist ein hochexplosives Gemisch. Wenn ich nicht aufpasse, können wir alle ins Jenseits befördert werden. Treten Sie bitte näher, damit Sie mir besser folgen können!«

■ Zu Zeiten der Sonntagsuniversität in der Stadt D. hatte der Mathematikprofessor L. ein volles Auditorium. Bescheiden erklärte er dazu: »Es sind hauptsächlich Studenten, junge Damen und offenbar einige Junggesellen, die zu mir kommen. Die Studenten kommen, weil ich der Prüfungskommission angehöre, die jungen Damen kommen wegen der Studenten und die Junggesellen kommen wegen der jungen Damen.«

■ Eine Chemikerin besuchte nach Jahren wieder einmal die Universität, an der sie studiert hatte. Sie traf ihren alten Professor, dessen Zerstreutheit sprichwörtlich war.

»Erinnern Sie sich denn gar nicht mehr an mich?«, fragte sie ihn. »Sie haben mich doch damals gebeten, Ihre Gattin zu werden …«

»Ah! Natürlich!«, rief der Professor mit aufflackerndem Interesse. »Ja, ja, ich erinnere mich! Und – sind Sie es geworden?«

DIE INGENIEURE

■ Professor H., der an der Universität in D. die Baustoffkunde vertrat, übergab seinem Assistenten die Prüfungsfragen für die bevorstehende Abschlussklausur. Nach einem Blick auf das Papier stellte der Assistent verwundert fest: »Aber Herr Professor, das sind doch die gleichen Fragen wie im Vorjahr!«

»Schon richtig«, erwiderte der Professor, »aber ich habe die Antworten verändert.«

■ In einer Fakultätssitzung ging es hoch her. Schließlich griff der Dekan kraft seines Amtes ein und unterbrach einen Kollegen, der eine besonders scharfe Zunge führte. Dieser protestierte: »Herr Dekan, Sie lassen offenbar keine freie Meinungsäußerung zu.«

Der Dekan fragte sichtlich irritiert zurück: »War das jetzt Spaß oder Ernst?«

»Natürlich bitterer Ernst«, erwiderte empört der Kollege.

»Dann ist es gut«, stellte der Dekan beruhigt fest, »solche Späße vertrage ich nämlich nicht.«

■ Professor S. war von Kindesbeinen an ein ambitionierter Reiter. Dementsprechend hatten seine Beine die charakteristische, nach außen gewölbte Form. Als er eines Tages nach der Vorlesung den Hörsaal verließ, hörte er, wie ein Student seinem Kommilitonen zuflüsterte: »Schau mal, zwischen seinen O-Beinen passt glatt eine Wildsau durch.«

Worauf sich der Professor umdrehte und den Spötter freundlich aufforderte: »Na bitte, dann springen Sie doch!«

■ In der Pause einer Fakultätssitzung klingelte plötzlich ein auf dem Tisch liegendes Handy. Einer der Professoren ergriff es und meldete sich: »Hallo?«

Am anderen Ende eine Frauenstimme: »Schatz, schön, dass ich dich erreiche. Ich stehe gerade vor unserem Juweliergeschäft. Die haben jetzt den schönen Diamantring in der Auslage. Du weißt ja, den habe ich mir gewünscht. Kann ich ihn mir bitte, bitte kaufen? Er ist übrigens sehr preiswert, kostet nur wenig mehr als 2500 Euro.«

»Wie viel mehr?«

»Na ja, so knapp 3000 Euro.«

»Na gut. Von mir aus. Aber bezahle keinesfalls mehr.«

»Das ist wirklich lieb von dir. Ach Schatzi, ich lieb dich über alles, danke tausendmal!«

Der Professor legte auf und blickte fragend in die Runde: »Weiß jemand, wem dieses Handy gehört?«

■ Statistikprofessor F. beantwortete im Seminar eine Frage zur Rangkorrelation. Die Darstellungen zur praktischen Anwendbarkeit erfolgten stockend und schwerfällig. Der Student O. flüsterte seinem Nachbarn K. zu: »Der Professor versteht offenbar die Sache selber nicht richtig.«

Der Professor unterbrach seine Erklärungen und rügte den Studenten O. mit den Worten: »Bitte nicht vorsagen! Herr K. wird schon allein darauf kommen.«

■ Studenten der Maschinenbaufakultät machten mit ihrem Professor eine Ballonfahrt. Plötzlich zog Nebel auf. Eine Zeit lang schwebten sie ohne Orientierung durch die Luft, doch langsam löste sich der Nebel auf, so dass sie unter sich eine ausgeschilderte Wegkreuzung sahen, an der ein Mann stand. Da sie jedoch von oben die Schilder nicht lesen konnten, riefen sie ihm zu: »Hallo. Guter Mann! Sagen Sie uns doch bitte, wo wir uns befinden.«

Der Mann blickte sich um, schaute auf die Schilder und rief dann zum Ballon hoch: »Sie befinden sich in einem Ballon, zirka fünfzig Meter über einer Wegkreuzung und haben offensichtlich Orientierungsverluste.«

Der Professor schaute seine Studenten an und erläuterte ihnen: »Sehen Sie, das da unten ist offenbar ein Student der Juristischen Fakultät. Seine Antwort kam prompt, sie war richtig, aber wir können mit ihr überhaupt nichts anfangen!«

■ Professor H. leitete den Lehrstuhl Konstruktiver Wasserbau. Großzügig stellte er seinen Mitarbeitern und Studenten den Fundus seiner wissenschaftlichen Literatur nebst Zeitschriften, Karten und Stadtplänen zur Nutzung zur Verfügung. Eines Tages herrschte helle Aufregung am Lehrstuhl. Alle Mitarbeiter, Assistenten und auch die Hilfsassistenten wurden eilends in den Bibliotheksraum beordert. In der Mitte des Raumes stand der Professor mit zorngerötetem Gesicht und hielt für alle sichtbar einen Stadtplan von D. hoch, der die Nordhälfte der Stadt zeigte. »Eine Unverschämtheit«, schnaubte der erregte Professor, »hier hat ein gewissenloser Mensch einfach die Hälfte der Karte abgetrennt und mitgenommen. Wer war das?«

Assistent M., der direkt hinter dem Professor stand, fasste sich ein Herz und wandte vorsichtig ein: »Wenn Herr Professor bitte den Plan umdrehen wollen, dann ist die Südhälfte der Stadt sofort zu erkennen.«

H. drehte den Plan um, Erstaunen in seinen Augen, die Zornesröte verzog sich, Friede kehrte in sein Gesicht zurück: »Aha, verstehe, danke meine Herren!«

■ Professor H. erläuterte in seiner ersten Vorlesung vor den angehenden Verkehrsingenieuren das Wesen des Technischen Fortschritts: »Technischer Fortschritt ist, wenn eine Raumstation zweimal die Erde umkreist hat, während man noch immer auf seine Straßenbahn wartet.«

■ Die Vorlesungen in Technischer Mechanik fanden in einem alten Gebäude der Universität statt. Eines Tages begann endlich die Sanierung. Die Bohrer dröhnten durchs ganze Haus und störten die Vorlesungen. Entnervt erhob sich mitten in der zweiten Stunde eine Studentin von ihren Platz und reagierte auf den fragenden Blick des Professors mit den Worten: »Ich halte das hier nicht mehr aus! Wie lange soll der Krach denn noch dauern?«

Mit diesen Worten verließ sie den Raum. Unmittelbar darauf verstummte der Baulärm. Als die Studentin zurückkehrte, fragte der Professor sie, ob sie mit den Arbeitern gesprochen hätte.

»Nein«, antwortete sie, »ich habe einfach den Stecker rausgezogen.«

■ Privatdozent V. aus Dresden erhielt einen Ruf an die Chemnitzer Technische Universität. Als ihn ein Jahr später ein Dresdner Kollege fragte, was das Schönste an Chemnitz sei, erhielt er zur Antwort: »Der Abendzug nach Dresden.«

■ Nach erfolgreicher Verteidigung seiner Dissertationsschrift verkündete Assistent K. stolz, er sei nun ein frischgebackener Doktor. Oberassistent F., als Spötter bekannt, erklärte ihm darauf: »Frischgebackener Doktor ist, wer nichts gelernt hat außer Promovieren.«

■ Laborassistent B. wurde beim Institutsleiter vorstellig. »Herr Professor«, sagte er, »meine Frau macht morgen Großputz. Sie sagt, sie braucht mich unbedingt – ich soll auf dem Dachboden aufräumen und im Keller auch.«

»Wir haben zu wenig Leute im Labor«, erwiderte der Professor. »Außerdem ist morgen voller Übungsbetrieb. Tut mir leid, ich kann Ihnen leider nicht freigeben.«

»Danke, Chef!«, sagte der Assistent. »Ich wusste, auf Sie ist Verlass.«

■ Professor L. prüft im Fach Elektrizitätslehre einen Studenten.

Frage: »Was macht ein Trafo?«

Antwort: »Er brummt.«

Frage: »Wie?«

Student: »Brmmbrmm.«

■ Der Geodät Professor P. lag mit seiner Sekretärin in ständiger Fehde. Eines Tages, er hatte sich gerade über bürokratisches Verhalten der Universitätsverwaltung geärgert, kam er mit verdrießlichem Gesichtsausdruck in sein Sekretariat gestürmt.

»Na, was machen Sie denn heute für ein Gesicht, Herr Professor?«, fragte die Sekretärin.

Gereizt erwiderte er: »Verehrte Dame, wenn ich Gesichter machen könnte, wären Sie die Erste, der ich ein anderes geben würde!«

■ Professor M. war sehr aktiv um die Gewinnung neuer Studenten für das Studium der Wasserwirtschaft bemüht. Zu diesem Zweck hielt er gern Vorträge vor künftigen Abiturienten. Einmal schloss er seine Ausführungen an einem Gymnasium der Universitätsstadt mit den Worten ab: »Und bedenken Sie, liebe Maturanden, wenn wir kein Wasser hätten, dann könnten wir nicht schwimmen lernen – und wie viele Menschen würden dann ertrinken.«

■ Professor B., Begründer der Messtechnik und des Austauschbaus der Technischen Hochschule in D., war ein gefürchteter Prüfer. Bei einer dieser Prüfungen zensierte er die Leistungen der Prüflinge. Dem am Tisch sitzenden Hilfsassistenten – den er nicht kannte, obwohl er ihm als Zuständiger für das Tafelreinigen vorgestellt worden war – gab er die Note 5. Begründung: »Dieser Kommilitone hat überhaupt nichts gesagt.«

■ Der Geodäsieprofessor P. war als besonders scharfzüngig bekannt. Als sein Oberassistent plötzlich verstarb, sprach ihn ein karrierebewusster Mitarbeiter an: »Was würden Sie davon halten, Herr Professor, wenn ich die Stelle des Verstorbenen einnehmen würde?«

»Das würde ich sehr begrüßen«, entgegnete der Professor, »reden Sie doch mal mit dem Leichenbestatter.«

■ Professor Z. neigte bei der Begutachtung wissenschaftlicher Arbeiten zu literarisierenden Zusammenfassungen. So fand sich am Schluss eines Gutachtens zur Ablehnung einer Dissertationsschrift der Reim: »In vielen Worten wenig Klarheit, meist Irrtum, nicht ein Fünkchen Wahrheit.«

■ Professor R. liebte bei seinen Vorlesungen weder Beifallsbekundungen noch Fußscharren als Ausdruck von Missfallen. Als wieder einmal gescharrt wurde, sagte er zum Publikum: »Ich höre Ihre Beine, hören Sie lieber auf meine Worte.«

■ Professor K. war nicht nur in die Jahre gekommen, sondern hatte auch erheblich an Körpergewicht zugelegt. Dem Rat seiner Kollegen folgend, meldete er sich in einem Fitness-Studio an. Lachend berichtete er von seinem ersten Trainingstag: »Da ich fürchtete, unter den durchtrainierten, schlanken Menschen unangenehm aufzufallen, suchte ich mir ein Trainingsgerät in der hintersten Ecke des Studios aus. Trotzdem bestätigten sich meine Befürchtungen: Ununterbrochen schauten die Leute zu mir rüber. Eine Dame setzte dazu extra die Brille auf. Mir reichte es. Ich stieg vom Gerät ab und wollte gehen. Als ich mich noch mal umdrehte, bemerkte ich, dass genau über meinem Gerät die einzige Uhr des Studios hing.«

■ Architekturprofessor L. und Statikordinarius M. nutzten jede Gelegenheit zum Frotzeln. So bot L. dem Nichtraucher M. in einer Gesellschaft eine Zigarre an. »Danke«, erwiderte dieser, »dieses Laster habe ich nicht.«

Der Architekt konterte: »Wenn es eines wäre, hätten Sie es.«

■ Der namhafte Nachrichtentechniker Professor T. wurde auf einer Fachtagung um ein Schlusswort gebeten. Nachdem sich der Beifall für ihn gelegt hatte, sagte er: »Meine sehr verehrten Damen und Herren, das Thema unserer Tagung ist noch lange nicht erschöpft. Wir aber sind es jetzt!« – und setzte sich wieder auf seinen Platz.

■ Ingenieurwissenschaftler L. charakterisierte vor seinen Studenten die Mathematiker mit den Worten: »Die Mathematiker sind wie die Eunuchen. Sie wissen, wie man es macht, aber sie können es nicht.«

■ In einer Kongresspause geriet Professor Z. in die Unterhaltung zweier Kollegen über einen Künstler. Der eine rühmte den Maler: »Mit einem Pinselstrich vermag er ein lachendes Kindergesicht in ein weinendes zu verwandeln.«

»Das konnte meine Mutter auch – mit einem Besenstiel«, fügte Z. mit todernstem Gesicht hinzu.

■ Ob seiner langatmigen und monotonen Ausführungen war Professor C. bei seinen Studenten berühmt und berüchtigt. Eines Tages, als das Auditorium besonders ungeduldig auf das Ende seiner Rede drängte, verblüffte er seine Zuhörer mit unerwarteter Schlagfertigkeit: »Mich stört es nicht, meine Damen und Herren, wenn einige von Ihnen während meiner Vorlesung ständig auf die Uhr schauen. Schlimm ist nur, wenn jemand sie schüttelt, um zu sehen, ob sie stehengeblieben ist.«

■ In der mündlichen Chemieprüfung für angehende Bauingenieure fragte der Professor einen Studenten: »Sagen Sie bitte, was bedeutet die Formel HNO_3?«

Der Student, sehr nervös, überlegte eine Weile, um Zeit zu gewinnen. Schließlich sagte er: »Es tut mir leid. Es liegt mir auf der Zunge!«

Darauf der Professor: »Um Himmels willen – spucken Sie es aus! Es ist Salpetersäure!«

■ An der Universität in D. lehrte ein Professor, der wegen seiner Leibesfülle von den Studenten insgeheim »das Fass« genannt wurde. Eines Tages erfuhr es der Professor. Daraufhin begann er seine nächste Vorlesung mit den Worten: »Meine Damen und Herren, ich habe erfahren, dass Sie mich ›Fass‹ nennen. Ein Fass ist von Reifen umgeben. Ich habe dagegen den Eindruck, dass ich von Unreifen umgeben bin!«

■ Mechanikprofessor L. füllte seine Steuerklärung stets gewissenhaft und korrekt aus. Er rechnete, setzte Zahlen ein und beantwortete alle Fragen peinlich genau. Als er schließlich auf die Frage stieß: »Ist jemand an Ihrem Unternehmen beteiligt?«, schrieb er klar und deutlich hin: »Ja, die Steuerbehörde.«

■ Die Silberhochzeitsreise von Professor A., mit einer Engländerin verheiratet, ging auf Wunsch seiner Gattin in deren Heimat. Auf dem Londoner Flughafen Gatwick angekommen, begab sich die Frau zur Passkontrolle für britische Staatsangehörige, während er sich als Deutscher in die Schlange für Ausländer einreihte. Vom Zollbeamten nach dem Zweck seines Aufenthaltes befragt, antwortete er: »Ich bin auf Silberhochzeitsreise.«

Die Augen der Beamten wanderten suchend von rechts nach links.

»Sehr interessant«, meinte er dann, während er den Pass stempelte. »Die meisten Männer nehmen dazu ihre Frau mit.«

■ Zu Professor L. – Ordinarius für Nachrichtenelektronik – kam einst ein höchst unbegabter Promovend und beklagte sich bitter über seine Mitstreiter im Kolleg; sie seien rechthaberisch, pedantisch und missgünstig.

»Da kann ich Ihnen nicht widersprechen«, meinte der Professor, »Wissenschaftler sind nun einmal so. Es könnte sein, dass Sie keiner sind.«

■ An der Universität zu D. wurden zahlreiche Hörsäle instandgesetzt und modernisiert, so dass der Lehrbetrieb unter dem ständigem Hämmern und Bohren zu leiden hatte. Als der Lärm während einer Vorlesung in Grundlagen der Elektrotechnik wieder einmal besonders stark war, erkundigte sich der Dozent, ob ihn auch jeder hören könne. Die Antwort fiel negativ aus. Da verkündete er, die Vorlesung falle aus. Im Handumdrehen hatten alle ihre Tasche gepackt.

»Offensichtlich hören Sie mich doch ganz gut«, meinte er darauf. »Ich denke, wir setzen die Vorlesung fort.«

■ Die Tatsache, dass an der Technischen Hochschule in Dresden im Jahr 1924 ein Institut für technisches Messen gegründet worden war, gab einem Journalisten Anlass, einer Leipziger Zeitung mitzuteilen: »Endlich haben wir in Dresden an der Technischen Hochschule ein Institut, dass sich mit unserer Messe befasst.«

■ Am Ende jedes Studienjahres pflegte sich Professor M. auf immer von seinen Kollegen zu verabschieden. Er war stets fest davon überzeugt, während der Ferien zu sterben. Doch nicht nur das. Als sein Freund, Professor W.-D., zum Rektor gewählt wurde, sagte er ihm: »Lieber Freund, ich beglückwünsche dich auf das Herzlichste. Ganz besonders freut es mich, dass du es sein wirst, der meine Grabrede hält.«

■ Im Elektroniklabor hatte der Student einen Schaltkreis zu bauen, der vier bestimmte Lampen zum Leuchten bringen sollte. Als er die Aufgabe gelöst zu haben glaubte, rief er den Laborassistenten. Dieser probierte die Schaltungen der Reihe nach durch, bis er eine gefunden hatte, die nicht funktionierte.

Der Student ging der Sache nach und stellte fest, dass einer der Drähte falsch angeschlossen war. Nachdem er den Fehler behoben hatte, prüfte der Laborassistent alles aufs Neue.

»Jetzt können Sie Ihr Examen machen und in den Staatsdienst gehen«, meinte der Assistent schließlich. »Sie haben bei der Lösung des ersten Problems zwei neue geschaffen.«

■ Professor W. vertrat ein Fach, das bei den Studenten wenig beliebt war. Gleichwohl war er auf Anerkennung bedacht und freute sich immer, wenn Studenten ihn grüßten. Eines Morgens stieg er mit einigen Studenten gemeinsam in die Straßenbahn. Die Studenten grüßten ihn freundlich.

Hocherfreut grüßte W. zurück und rief zugleich aus: »Meine Herren, ich zahle für alle drei Fahrkarten.«

Die Studenten: »Vielen Dank, Herr Professor, aber wir haben alle eine Monatskarte.«

Darauf Professor W.: »Das macht nichts, ich zahle trotzdem für alle!«

■ In einer Vorlesung dozierte Professor K. über die Technologie der Platin-Bearbeitung: »Platin kann man walzen, fräsen und bohren. Platin kann man …«

Zwischenruf aus dem Auditorium: »Platin kann man auch schweißen.«

Professor K. schlug sein Manuskript zu, hob seinen Blick zur Decke des Hörsaals, faltete die Hände über dem Bauch und wies in längeren Ausführungen nach, dass Platin nicht geschweißt werden könne.

Dann senkte er seinen Blick zurück auf das Manuskript, entfaltete die Hände, schlug das Manuskript wieder auf und fuhr in der Vorlesung fort: »Platin kann auch geschweißt werden.«

■ Viele Jahre nach seiner Promotion kehrte Ingenieur L. als Professor an seine Alma mater zurück. Einmal stand er dort in einem überfüllten Aufzug. Einige mokierten sich über dessen lahmes Tempo. Der Professor bemerkte dazu, dass die Aufzüge der Universität noch immer dieselben seien wie vor zwanzig Jahren, als er mit dem Studium begonnen habe. Endlich gingen die Türen auf. Da klopfte ihm eine Teilnehmerin der Seniorenakademie verständnisvoll auf die Schulter und sagte lächelnd: »Irgendwann werden Sie Ihr Studium schon mal abschließen. Ausdauer ist eine Tugend.«

■ Professor W. war in seinem Institut nicht anwesend, als Besucher eintrafen, die das Labor besichtigen wollten. Der Assistent, der sie empfing, zuckte mit den Schultern und sagte: »Ich kann Sie jetzt leider nicht in das Labor führen, dort darf nämlich nicht geraucht werden!«

»Wir rauchen ja alle nicht!«, wendete einer der Besucher ein.

»Aber ich«, meinte darauf der Assistent.

■ Auf einem Kongress bemerkte der Vorsitzende, als er den kleingewachsenen Professor Z. aus Sachsen vorstellte, mit leicht spöttischem Unterton: »Ich war immer davon ausgegangen, dass der hochgeschätzte Kollege Z. ein in jeder Hinsicht großer Mann sei.«

Ohne die Fassung zu verlieren parierte der Angesprochene mit den Worten: »Bei uns in Sachsen vermessen wir einen Mann vom Kinn an aufwärts. Sie, Herr Vorsitzender, messen offenbar vom Kinn an abwärts.«

■ Nur wenige Studenten hatten die schwierige Mechanikprüfung im ersten Anlauf bestanden. Freudestrahlend bedankten sie sich am nächsten Tag bei Professor Z. mit den Worten: »Herr Professor, wir möchten Ihnen ganz herzlich danken für das, was Sie uns beigebracht haben.«

Darauf Professor Z.: »Ach, diese Kleinigkeit ist wirklich nicht der Rede wert.«

■ Professor Z. las Baumechanik für Architekten im ersten Studienjahr. Häufig konnten die Studenten seinen Ausführungen nicht folgen. Als er es schließlich bemerkte, versuchte er, seine Zuhörer zu beruhigen.

»Machen Sie sich keine Sorgen, wenn Sie das alles nicht sofort verstehen«, sagte er. »Als Student hatte ich damit auch Probleme. Aber plötzlich kam mir dann mitten auf der Straße die Erleuchtung.«

Da fragte einer aus dem Auditorium: »Welche Straße war das, bitte?«

■ Der für seine schweren Prüfungsaufgaben berüchtigte Professor W. verkündete vor Beginn der Klausur: »Das ist heute mit Abstand die leichteste Aufgabe, die ich in meiner sechzehnjährigen Lehrtätigkeit gestellt habe. Wenn Sie sich auch nur halbwegs vorbereitet haben, kann ich Ihnen garantieren, dass Sie zumindest nicht durchfallen.«

Aller Trost, den die Studenten aus seinen Worten schöpften, verpuffte, als sich eine Stimme aus dem Hintergrund mit der Bemerkung vernehmen ließ: »Das haben Sie voriges Jahr auch gesagt.«

■ Professor L. zeigte in seinen Vorlesungen gern Diapositive. Dazu wurde der Hörsaal verdunkelt. Während einer dieser Vorführungen fiel plötzlich der Strom aus, so dass es stockdunkel im Raum wurde. Da tönte aus den hinteren Reihen eine Stimme: »Hier ist es ja finster wie im Bärenarsch.«

Einige lachten darüber.

Professor L. reagierte schlagfertig:

»Aber, aber – einige der Herren scheinen ja schon überall gewesen zu sein!«

DIE WIRTSCHAFTSWISSENSCHAFTLER

■ Professor L. hielt eine gut besuchte Vorlesung in Betriebswirtschaft. Allerdings war L. dafür bekannt, sehr streng zu sein. Während seiner Vorlesungen war vieles nicht erlaubt, zum Beispiel: Kaugummi kauen, trinken und essen, Zeitung lesen.

Einmal schlief ein Student mitten in der Vorlesung ein. Der Professor war darüber sehr ungehalten, weckte den Studenten, forderte ihn barsch auf, den Raum zu verlassen und erklärte: »Ab sofort gilt eine neue Regel. Sie schlafen nicht während meiner Vorlesung, und ich halte in Ihrem Schlafzimmer keine Vorlesung!«

■ Auf einem betriebswirtschaftlichen Kolloquium unterbrach ein Kollege den Redner, weil es ihm zu bunt wurde: »Wir haben ja vieles gehört, was wahr, und manches, was schön ist. Aber das Wahre darin war nicht schön, während das Schöne nicht wahr war.«

»Es freut mich, Herr Kollege, dass mein Vortrag Sie so angeregt hat. Vielleicht wären Sie nun so freundlich, mit meinen Ausführungen fortzufahren.«

■ Zwischen den Mitgliedern einer Prüfungskommission entspann sich bei der Disputation einer Doktorarbeit folgender Dialog:

»Die wissenschaftliche Leistung des Doktoranden war mäßig«, schätzte der eine ein.

Der andere erwiderte: »Dafür steckt viel Fleiß in der Arbeit. Ich hörte, er hat Tag und Nacht daran gearbeitet.«

»Er ist eben ein guter Mensch«, bemerkte sarkastisch ein Dritter. »Er stiehlt sich den Schlaf, um ihn anderen zu schenken.«

■ Im Flughafen der Stadt D. begaben sich zwei Professoren in die Abfertigung. Bei einem der beiden Reisenden fing bei der Sicherheitskontrolle der Metalldetektor an zu piepsen.

Der Sicherheitsbeamte fragte ihn: »Haben Sie Kleingeld in Ihrer Hosentasche?«

»Das ist ja nicht zu fassen!«, rief der Professor seinem Kollegen zu. »Hier hält aber auch wirklich jeder die Hand auf.«

■ Der Volkswirtschaftler W. erklärte seinen Studenten den Unterschied zwischen Subvention und Korruption: »Subvention ist, wenn man den Geldbeutel aufmacht, damit andere den Mund zumachen. Korruption ist, wenn man den Geldbeutel aufmacht, damit andere die Augen zumachen.«

■ Schmunzelnd berichtete der kinderreiche Professor N. über seine Heimfahrt aus dem Urlaub: »Wie immer fuhr ich sehr flott. Plötzlich winkte mich eine Polizeistreife raus – ich war zu schnell gefahren. Ein Polizist kontrollierte die Papiere. Dann leuchtete er mit der Taschenlampe ins Wageninnere. Alle außer mir schliefen: meine Frau, im siebenten Monat schwanger, und meine fünf Kinder. Ganz hinten lagen noch die beiden Hunde. Der Beamte starrte mich an und sagte: ›Mein lieber Mann! Sie können sich wirklich keine Strafgebühr leisten. Fahren Sie lieber langsamer.‹ Sprach's – und ging zurück zum Streifenwagen.«

■ Während eines Doktorandenseminars bemerkte der Vortragende, dass einer der Teilnehmer ständig gähnte. Als er mit seinen Ausführungen geendet hatte, wandte er sich an den Betreffenden: »Sie haben während meines Vortrages des Öfteren gegähnt. Habe ich Sie etwa ermüdet, Herr Kollege?«

»Ganz gewiss nicht. Ich habe Ihnen überhaupt nicht zugehört.«

■ »Raten Sie, wie alt ich bin!«, verlangte die resolute Frau Dr. R. Der Gefragte zögerte und antwortete dann sehr diplomatisch: »Das ist schwer. Beurteile ich Sie nach Ihrer Schönheit, so mache ich Sie um zehn Jahre jünger, und halte ich mich an Ihre Klugheit, mache ich Sie zehn Jahre zu alt.«

■ Drei Professoren waren so in ihren wissenschaftlichen Diskurs vertieft, dass sie weder hörten, wie der Zug einfuhr, noch, wie der Zugbegleiter zum Einsteigen aufforderte. Als der Zug abfuhr, liefen sie in wilder Hast hinterher. Zwei von ihnen gelang es aufzuspringen, der dritte schaffte es nicht mehr.

»Machen Sie sich nichts daraus«, meinte der Beamte mit der roten Mütze. »Zwei von Ihnen sind ja immerhin noch mitgekommen.«

»Aber die beiden wollten mich doch nur zum Zug begleiten«, seufzte der zurückgebliebene Professor.

■ Für die Studenten an der Fakultät W. zählten zu den schwersten Prüfungen die im Fach Wirtschaftsrecht. Dabei musste von mehreren vorgegebenen Antworten die richtige angekreuzt werden. Bei einer dieser Prüfungen sah der aufsichtshabende Assistent, von seinem Tisch aufblickend, einen Kommilitonen eine Münze werfen.

Der Assistent ging sofort zu ihm und fragte: »Na, junger Mann, haben Sie sich aufs Raten verlegt?«

»Nein, Herr Doktor«, erwiderte der Student. »Ich überprüfe nur meine Antworten.«

■ Vom ebenso neunmalklugen wie geschäftstüchtigen Professor S. wird folgende Geschichte erzählt: Eines Tages langweilte sich der Professor auf einer Zugreise. Er weckte seinen schlafenden Sitznachbarn und fragte ihn, ob er Lust auf ein Spiel habe.

»Ich stelle Ihnen eine Frage«, erklärte er. »Und wenn Sie die Antwort nicht wissen, zahlen Sie mir fünf Mark. Dann stellen Sie mir eine Frage, und wenn ich nicht antworten kann, gebe ich Ihnen fünfzig Mark.«

Der Mann war einverstanden, und der Professor fragte: »Wie groß ist die mittlere Entfernung zwischen Erde und Mond?«

Der Mann schüttelte den Kopf und gab ihm die fünf Mark.

»60,2778 Erdhalbmesser oder 384 403 Kilometer. Jetzt sind Sie an der Reihe.«

Der Mann überlegte kurz, dann fragte er: »Was steigt auf drei Beinen den Berg hoch und kommt auf vier Beinen herunter?«

Der Professor zerbrach sich eine Stunde lang den Kopf. Schließlich zog er fünfzig Mark heraus.

»Wie lautet die Antwort?«

»Keine Ahnung«, erwiderte der Mann, gab ihm fünf Mark, lehnte sich wieder zurück und schloss die Augen.

■ Professor H. hatte gelegentlich Grund, sich über mangelhafte Aufmerksamkeit seiner Studenten zu beklagen. Am Ende der Vorlesungen, kurz vor den mündlichen Prüfungen, überreichten ihm die Studenten im Hörsaal einen Blumenstrauß. Professor H. nahm ihn entgegen, zerknickte die Stängel und warf ihn mit folgenden Worten in den Papierkorb: »Hätten Sie besser aufgepasst, dann hätten Sie das jetzt nicht nötig gehabt.«

■ Statistikprofessor H. erläutert in seiner Vorlesung die Indexzahlen des Fleischverbrauchs. Für Italien wurde pro Tag und Kopf der Bevölkerung ein Verbrauch von 56 Gramm, für England 67 Gramm, für Österreich und Luxemburg 84 Gramm und für Deutschland 345 Gramm festgestellt. Anschließend monierte H. jedoch: »Der Fleischverbrauch in Deutschland ist allerdings wohl nur deshalb so hoch, weil die letzte Zahl einfach falsch sein muss.«

DIE HOCHSCHULLEITER UND -VERWALTER

■ Zu Beginn des Studienjahres an der Universität in Z. war der Rektor ein vielbeschäftigter Mann. Aufgrund der hohen Zahl an Neuimmatrikulationen und des viel zu kleinen Audimax musste er die Festrede zur Immatrikulation viermal halten.

Einer der Prorektoren, der den kurz vor seiner Emeritierung stehenden Rektor deshalb bedauerte, riet diesem, ohne Rücksicht auf die jedesmal anwesenden Honoratioren stets dieselbe Rede zu halten.

»Aber Herr Kollege«, entgegnete der Rektor, »denken Sie ernstlich, in meinem Alter könnte ich mich noch daran erinnern, was ich in der vorhergehenden Rede gesagt habe?«

■ Zu einer rätselhaften Bemerkung nutzte der in seiner Amtszeit leidgeprüfte Rektor Sch. seine Abschiedsrede vor einer Senatskommission: »Leben Sie sowohl als auch«, verabschiedete er sich von den Kommissionsmitgliedern. »Ich danke Ihnen«, sagte er weiter, »einigen mehr, einigen weniger, einzelnen gar nicht.«

■ Rektor S. war ein Mann der Wissenschaft, der die Rektoratsarbeit auf zwei Abende in der Woche reduzierte. Als sich sein persönlicher Mitarbeiter W. einmal für das unerklärliche Verschwinden eines Berichts entschuldigte, belehrte ihn der Rektor: »Es gibt zwei Arten von schriftlichen Berichten. Die einen erklären, warum eine bestimmte Sache nicht gemacht werden kann, und die anderen melden, dass sie gemacht wurde. Die erste Art von Berichten ist unbrauchbar, die zweite unnötig.«

■ Rektor F. erteilte den Erstsemestlern in seiner Rede zur Immatrikulation gern eine Reihe von Ratschlägen. »Aber«, so führte er aus, »halten Sie Ihren Familiensinn in Grenzen. Was ich damit meine? Sie sollten beispielsweise nicht glauben, möglichst lange studieren zu müssen, nur damit Ihre Eltern nicht die Steuerbegünstigung verlieren.«

■ Universitätskanzler O. hatte seine Dezernenten zur monatlichen Besprechung eingeladen. Alle waren zur morgendlichen Stunde pünktlich erschienen, nur der Kanzler nicht. Nach einer Viertelstunde betrat er eiligen Schrittes den Raum und sagte bedauernd: »Ich möchte mich für meine Verspätung entschuldigen. Der Grund ist ein technisches Versagen.«

Als ihn er die beunruhigten Blicke der Dezernenten bermerkte, fügte er kleinlaut hinzu: »Mein Wecker hat heute Morgen nicht rechtzeitig geklingelt.«

■ Rektor S. war Ehrengast auf einem Bankett anlässlich einer wissenschaftlichen Konferenz. Als Erfrischungen gereicht wurden, nahm der Konferenzleiter den Rektor beiseite und flüsterte ihm ins Ohr: »Wollen Sie, dass die Leute sich weiter amüsieren, Magnifizenz, oder möchten Sie jetzt Ihre Rede halten?«

■ In einer Freundesrunde erzählte Dekan B. schmunzelnd: »Meine Frau und ich führen ein hektisches Leben. Da kann es schon mal vorkommen, dass ein Termin vergessen wird. Einmal kamen wir nach der Arbeit zufällig zusammen nach Hause. Ich holte die Post und wunderte mich über die vielen Briefe.

›Was ist los?‹, fragte meine Frau. ›Haben wir irgendeinen Feiertag?‹

›Keine Ahnung‹, erklärte ich genauso erstaunt.

Wir machten jeder einen Umschlag auf, lasen die Karten, lächelten uns an und sagten dann wie aus einem Munde: ›Alles Gute zum Hochzeitstag.‹«

■ Rektor A. hatte eine erfolgreiche Amtszeit. Die Mehrheit seiner Lehrkollegen gab ihm Anlass zur Freude und Zufriedenheit. Umso härter trafen den mehr lobenden als tadelnden Rektor etliche Vorkommnisse, die den Gepflogenheiten widersprachen. Seine Verärgerung äußerte er mit den Worten: »Wenn man alle Wissenschaftler, die bei uns Mist machen, erschießen würde, bräuchten wir bald einen eigenen Friedhof.«

■ Universitätspräsident W. war viele Jahre lang der strahlende Mittelpunkt jeder Gesellschaft, jedes Festes in seiner Wahlheimat. Nach dem Geheimnis seines Erfolges gefragt, antwortete er: »Ein Mann mit Geist wird nur dann für einen solchen gehalten, wenn er in alles, was er sagt, ein Körnchen Zucker streut, und in alles, was er hört, ein Körnchen Salz.«

■ Prorektor K. eröffnete seine Rede auf einer Konferenz in Peking mit einem längeren, zudem noch komplizierten Scherz. Der Dolmetscher übersetzte ihn mit drei Worten, worauf tosendes Gelächter ausbrach.

Später fragte der Prorektor seinen chinesischen Kollegen, wie denn sein Scherz übersetzt worden sei.

»Gar nicht«, sagte der. »Der Dolmetscher hat nur gesagt: ›Jetzt alle lachen!‹«

■ Frau H. arbeitete schon viele Jahre in der Universitätsbibliothek. Eines Tages sprach sie ein Herr an. Ein Buch, das er suchte, war nicht da. Ob sie mal nachsehen könne, wer es ausgeliehen habe? Er brauche es wirklich dringend.

Frau H. ging die Kartei durch.

»Da ist es«, verkündete sie.

»Prof. K. Müller hat es.«

»Ich habe es?«, entgegnete der Mann verdutzt und etwas verlegen. »Tja, dann muss ich es wohl mal suchen gehen.«

■ Mit Befriedigung stellte der Rektor der Universität H. fest: »Noch nie waren die Studenten so pünktlich in den Vorlesungen wie heutzutage. Wer zu spät kommt, findet nämlich keinen Parkplatz!«

■ Als nach dem Krieg an der Technischen Hochschule der Stadt D. der Lehrbetrieb in bescheidenem Umfang wieder aufgenommen wurde, musste man sich in vielen Bereichen mit Provisorien behelfen. So auch in der Küche der Mensa, wo einige der Ehefrauen der Professoren aushalfen, unter ihnen die Frau des Rektors. Als beim ersten Dies academicus, der als Ball begangen wurde, der Rektor auffällig oft mit ihr tanzte, veranlasste das einige der Anwesenden zu der Äußerung: »Komisch, der Rektor tanzt immer nur mit der Küchenfrau.«

■ Dezernatsreferent M. liebte Sprachen und bemühte sich, Englisch, Französisch, Spanisch und Italienisch sowie Latein zu lernen. Das gelang ihm aber nur mit mäßigem Erfolg.

Als Mitglied einer Senatskommission an der Universität legte er einmal bei einer Sitzung eine Liste mit Ausschreibungen vor.

»Wollten Sie sie lieber per partes oder in toto?«, fragte er die Kommissionsmitglieder.

Der Vorsitzende holte ihn auf den Boden zurück: »Am liebsten in Deutsch, Herr M.«

■ Dezernent K. unterhielt sich mit einem Freund über seine Familiengeschichte. Der Freund bestaunte das Wissen von K. und klagte zugleich, er selbst wisse sehr wenig über seine Herkunft.

»Ich wollte schon immer jemanden mit Nachforschungen beauftragen«, meinte er. »Aber ich kann mir das nicht leisten. Hast du eine Idee?«

»Na klar«, antwortete K. »Du brauchst dich nur um ein Amt im öffentlichen Dienst zu bewerben.«

■ Im Universitätssenat wartete Rektor L. ungeduldig darauf, dass ein Senator, der ihn heftig attackierte, sein Statement beendete.

»Am besten, Sie antworten gar nicht darauf«, flüsterte ihm sein Nachbar zu, »bewahren Sie Ihre Würde.«

Bevor der Rektor die Attacke brillant zurückwies, flüsterte er seinerseits dem Nachbarn ins Ohr: »Ich kenne keinen Fall, in dem ein Mann seine Würde dadurch bewahrt hat, dass er darauf sitzen geblieben ist.«

■ Rektor S. bekümmerte die seiner Meinung nach mangelnde intellektuelle Leistungsfähigkeit seiner Studenten. Er führte aus: »Früher sagte man immer, Genie sei neunzig Prozent Transpiration und zehn Prozent Inspiration. Bei der heutigen Studentengeneration ist das anders: Da sind ein Prozent Inspiration und neunundneunzig Prozent Spekulation. Ich kann nur hoffen, dass sich das Verhältnis einmal wieder ändern wird.«

DIE STUDENTEN

■ Student L. fand einen einträglichen Nebenjob, der ihm allerdings wenig Zeit für die Anfertigung seiner Diplomarbeit ließ. Der Termin für die Abgabe der Arbeit rückte unerbittlich näher. L. meldete sich bei seinem betreuenden Professor zu einem Gespräch an, um eine Terminverlängerung zu erwirken.

Er wurde vorgelassen und begann: »Herr Professor, ich muss Sie dringend unter drei Augen sprechen.«

»Sie meinen wohl vier«, entgegnete der Professor.

»Nein, eines bitte ich Sie zuzudrücken.«

Der Professor, selbst ein Spaßvogel, zeigte sich amüsiert und gewährte die Verlängerung.

■ Psychologiestudent O. passte nach der Vorlesung den Dozenten ab und fragte ihn: »Was halten Sie von der Seminararbeit zum Thema ›Keine Angst vor der Wahrheit‹, die ich letzte Woche abgegeben habe?«

Dozent: »Überhaupt nichts.«

Darauf der Student: »Dachte ich mir. Aber ich wollte es einfach hören.«

■ Zwei Studenten schwatzten in der physikalischen Rechenübung, während der Oberassistent einen anderen Studenten abfragte. »Wenn Sie so weiterreden«, ermahnte der Übungsleiter die beiden, »verstehe ich ja gar nichts.« Darauf antwortete einer der Delinquenten: »Wieso? Sprechen wir so undeutlich?«

■ »Kennen wir uns nicht?«, begrüßte der Professor den Examenskandidaten.

»Doch«, antwortete der Student, »vom letzten Examen. Leider bin ich durchgefallen.«

»Na, heute wird es schon klappen. Wie lautete denn die erste Frage, die ich damals stellte?«

»Kennen wir uns nicht?«

■ Student A. war durch die mündliche Prüfung gefallen und ziemlich verzweifelt. Seine Mutter konnte den Jammer nicht länger mit ansehen, meldete sich bei seinem Professor an und bat diesen, ihren Sohn vom weiteren Studium freizustellen. Als der Professor das Anliegen der Mutter gehört hatte, meinte er: »Wir Jünger der Wissenschaften haben alle schon Niederlagen erlitten. Man muss lernen, damit fertig zu werden. Was wären wir ohne die Hochschule. Lassen Sie Ihren Sohn nur weiter bei uns.«

Darauf die Mutter: »Ja, Sie, Herr Professor, haben ja sonst nichts weiter gelernt. Aber mein Sohn, der ist Koch!«

■ Ein Student kam zu Professor H. und beschwerte sich: »Herr Professor, Sie haben mich durchfallen lassen!«

»Wie wollen Sie das wissen?«, fragte H. »Die Beratung der Kommission war doch geheim.«

Darauf der Student: »Natürlich weiß ich es, Herr Professor. Ich bin ja einstimmig durchgefallen.«

■ Architekturstudent T. war zur Auffüllung seiner Finanzmittel einem lukrativen Job nachgegangen und ein halbes Jahr der Universität ferngeblieben. Nun kehrte er zurück und meldete sich zur Prüfung im Fach Baustoffkunde an. Im Vorzimmer traf er einen Mann im Arbeitsmantel, der Bücher ordnete, also offenbar ein Gehilfe des Professors.

T. fragte ihn: »Kann ich bitte den Herrn Professor sprechen?«

»Ja, was wollen Sie?«

»Ich möchte mich zur Prüfung anmelden.«

»So, wie heißen Sie denn?«

»Heinz T.«

»So, so, zur Prüfung wollen Sie sich anmelden? Ich will Ihnen was sagen, verehrter Herr T.: Wenn Sie bei mir ein ganzes Semester gehört haben wollen und mich nicht einmal kennen, kann ich Ihnen nur dringend raten, in frühestens einem halben Jahr wiederzukommen.

■ Candidat Ing. Schuster hörte die Mechanikvorlesungen beim selben Professor wie einst sein Vater. Beim Besuch daheim in den Semesterferien fragte der Vater: »Sag einmal, wie ist denn der Professor mit dir zufrieden?«

»Na ja«, antwortete der Sohn, »jedesmal, wenn ich etwas nicht kann, sagt er: ›Ihr Herr Papa hat immer alle Antworten gewusst!‹«

»Merkwürdig, bei mir hat er immer gesagt: ›Schuster, Sie bestehen nur aus Wissenslücken!‹«

■ Es war nicht zu übersehen, dass Student F. unsäglich faul war. Einem Assistenten platzte eines Tages der Kragen: »Wissen Sie, was Abraham Lincoln in Ihrem Alter schon alles geschafft hatte?«

»Nein«, erwiderte der Student ungerührt. »Aber in Ihrem Alter war Lincoln schon Präsident der USA.«

■ Die Chemieklausur der Bauingenieure bestand aus einer einzigen, allerdings ziemlich schwierigen Frage. Der Oberassistent war vom Ergebnis überrascht. »Fünfzig Klausurbogen mit der gleichen Frage habe ich ausgegeben und fünfzig verschiedene Antworten bekommen!«, kritisierte er.

Ein Student meldete sich und sagte tröstend: »Dafür wissen Sie jetzt wenigstens, dass keiner von uns abgeschrieben hat.«

■ Der Student N. hatte die Prüfung nicht bestanden. Aus Angst vor dem strengen Vater faxte er seinem Bruder: »Bin durchgefallen. Bereite bitte Vater vor.«

Am nächsten Tag antwortete der Bruder: »Vater vorbereitet. Bereite auch dich vor.«

■ Ein Student, der den leichten Weg bevorzugte, traf Professor M. an der Straßenbahnhaltestelle vor der Universität. Er zückte sofort sein Studienbuch und bat den Professor um ein Testat für die Vorlesung. Professor M. gewährte die gewünschte Unterschrift, aber nicht ohne den Studenten belehrt zu haben: »Die Gelegenheit ist zwar passend, aber nicht schicklich!«

■ Student Q. kam wieder einmal zu spät zur Vorlesung in die Universität. Zu allem Unglück traf er auf dem Weg dorthin seinen Professor.

»Zehn Minuten zu spät!«, sagte der Professor streng.

»Ich leider auch«, erwiderte Q. schlagfertig.

■ Student F. war von seinen Kommilitonen mit hoher Stimmenzahl in den Senat gewählt worden. Nun war er unsicher, ob er sich gleich in der ersten Sitzung an der Debatte beteiligen sollte. Vorsorglich fragte er einen ihm vertrauten Ehrensenator. Der riet ihm: »Im Zweifelsfalle, junger Freund, ist es besser, der Senat wundert sich, dass Sie nicht gesprochen haben, als dass er sich wundert, warum Sie gesprochen haben.«

■ Ein aus Berlin stammender Student beklagte sich bei Professor W., dass er in der wesentlich kleineren Universitätsstadt geistig verkümmern müsse.

»Wie viele Einwohner gibt es hier?«, wollte der Professor wissen.

»Dreißigtausend.«

»Sehen Sie«, erwiderte der Professor gelassen, »als Goethe nach Weimar kam, hatte das Städtchen dreitausend Einwohner. Sie können also hier zehnmal so viel leisten wie Goethe – und mehr, mein Lieber, verlangt niemand von Ihnen.«

■ Wenige Tage vor den Klausuren für das Staatsexamen versammelte der Professor seine Studenten ein letztes Mal um sich. Er fragte: »Die Prüfungsbogen sind jetzt in der Druckerei. Wenn Sie noch Fragen zum Examen haben, stellen Sie sie bitte jetzt!«

Einer der Studenten wollte wissen: »Wie viele Fragen sind es?«

Ein anderer: »Genügen bei den Antworten auch Stichwörter?«

Der dritte: »Wie heißt bitte die Druckerei?«

DIE EMERITEN

■ Professor B. wurde anlässlich seines achtzigsten Geburtstags mit einer Laudatio geehrt. Der Festredner bot dem Jubilar vor seiner Rede einen Stuhl an. Dieser lehnte jedoch höflich ab: »Vielen Dank, aber ich bin bereits so verkalkt, dass ich allein schon deshalb nicht umfallen werde.«

■ Das Habilitationsverfahren des später sehr berühmt gewordenen Professors C. gestaltete sich recht schwierig. Nach seinem Probevortrag, den C. als eine lästige Formalität ansah, erfuhr er gerüchteweise, dass ihn die Kommission ablehnen wolle.

An der angesetzten Aussprache nahm überraschend Emeritus D. teil, der von den Bestrebungen gegen C. gehört hatte. Indem er seine Stimme für C. abgab, wendete er das Blatt zu dessen Gunsten. Später soll er einmal dazu erklärt haben: »Ich will nicht, dass einst über mich erzählt wird, Mitschuld an der Ablehnung einer solchen Geistesgröße, wie C. sie darstellt, gehabt zu haben.«

■ Professor M. war ein Lebenskünstler. Kurz bevor er im Alter von zweiundneunzig Jahren starb, erzählte seine Frau einem Kollegen: »Der Hausarzt hat meinem Mann täglich ein Glas Wein erlaubt. Daraufhin ist er zu einem anderen Arzt gegangen und hat sich von ihm ein Glas Bier täglich erlauben lassen. Und schließlich ist er zu einem dritten Arzt gegangen, und der hat ihm täglich ein Glas Kognak bewilligt.«

■ Emeritus F. fiel auf Gesellschaften durch außergewöhnliche Schweigsamkeit auf. Besonders unangenehm war es ihm, wenn ihm zu Ehren eine Feier anberaumt wurde. Während eines Festes anlässlich seines achtzigsten Geburtstages blieb er wie üblich den ganzen Abend wortkarg, während eine Lobrede nach der anderen auf ihn gehalten wurde. Als er der Aufforderung zur Gegenrede nicht mehr ausweichen konnte, schlug er an sein Glas. Alle Augen richteten sich erwartungsvoll auf ihn. Aber F. stand nicht auf, lächelte nur verlegen und rief dann in die Stille hinein: »Ober, noch ein Helles!«

■ Zwei emeritierte Hochschullehrer saßen beim Wein. »Worauf stoßen wir an?«, fragte der eine.

»In vino veritas«, schlug der andere vor.

»Da haben Sie allerdings sehr recht«, bestätigte der erste, »mit der Wahrheit stößt man meistens an.«

■ Der Emeritus Professor H. erinnerte sich, wie er mit Erfolg eine ausgeschriebene Assistentenstelle erhielt: »Telefonisch erfuhr ich, dass alle Bewerber am nächsten Tag um zehn Uhr zum Vorstellungsgespräch geladen waren. Als ich eine halbe Stunde vor diesem Termin erschien, musste ich zu meinem Entsetzen feststellen: Neun Bewerber waren schon vor mir da. Darauf schrieb ich eine Notiz und sagte der Sekretärin, es sei sehr wichtig, dass der Professor diese Nachricht sofort bekäme. Kurz darauf wurde ich noch vor allen anderen Bewerbern zum Professor vorgelassen.«

Die Notiz lautete: »Sehr geehrter Herr Professor, ich bin der zehnte Mann in der Schlange der Bewerber. Bitte treffen Sie keine Entscheidung, bevor Sie mich gehört haben!«

■ Professor Q. wurde anlässlich seines neunzigsten Geburtstages vom Redakteur der Universitätszeitung interviewt. Der Redakteur stellte auch die unvermeidliche Frage: »Worauf führen Sie Ihr langes Leben zurück?«

»Ist noch nicht raus«, erwiderte schlagfertig der alte Herr. »Ich verhandle noch mit einer Matratzenfabrik, mit einem Weingut und mit zwei Firmen für Frühstücksflocken.«

■ Professor E. nahm zahlreiche Glückwünsche zu seinem 70. Geburtstag entgegen. In einer Laudatio wurde auch Mitgefühl angesichts des fortgeschrittenen Lebensalters ausgedrückt. Der schlagfertige Professor erwiderte darauf: »Sicher ist es schlimm, älter zu werden. Aber viel schlimmer ist, man wird es nicht.«

■ Emeritus P. war bis ins hohe Alter hinein ein Frauenkenner und -verehrer. Als der schon über Achtzigjährige mit einem Bekannten in Berlin spazieren ging, kam ein auffallend hübsches junges Mädchen vorbei. Professor P. betrachtete die reizende Erscheinung und blickte ihr nach. Dann wandte er sich seufzend an seinen Freund: »Das ist so ein Fall, mein Lieber, bei dem man wieder siebzig sein möchte.«

■ Emeritus L., ein ausgesprochener Goethe-Liebhaber, war zum Essen eingeladen. Nach einem wunderbaren Menu meinte er zum Gastgeber: »Ihre Gattin hat so wunderbar gekocht, dass ich mich an das bekannte Wort aus dem Götz erinnere …« Die Tischgesellschaft erschrak, aber L. fuhr fort: »Wohl dem, dem Gott ein solches Weib gegeben.«

■ Von Schwierigkeiten eigener Art wusste Professor T. anschaulich zu berichten.

»Drei Dinge«, so dozierte der mittlerweile weit über achtzigjährige Herr, »passieren jedem, der mein Alter erreicht. Zuerst schwindet das Gedächtnis. Die beiden anderen habe ich vergessen.«

■ Emeritus Sch. kam spät abends nach Hause. Seine Haushälterin erwartete den schwerhörigen Professor, half ihm aus dem Mantel und murmelte vor sich hin: »Na du alter Esel, hast wohl wieder bis in die Puppen in einer Kneipe gehockt und Bier gesoffen.«

»Falsch, meine Liebe«, entgegnete der Professor. »Ich war in der Stadt und hab mir ein Hörgerät gekauft.«

ISBN 978-3-359-02326-5

Umschlaggestaltung: Buchgut, Berlin,
unter Verwendung von Motiven von iStock und Fotolia
Druck und Bindung: CPI Moravia Books GmbH

Ein Verlagsverzeichnis schicken wir Ihnen gern:
Eulenspiegel · Das Neue Berlin Verlagsgesellschaft mbH & Co. KG
Neue Grünstr. 18, 10179 Berlin
Tel. 018 05 / 30 99 99
(0,14 €/Min., Mobil max. 0,42 €/Min.)

Die Bücher des Eulenspiegel Verlages
erscheinen in der Eulenspiegel Verlagsgruppe.

www.eulenspiegel-verlag.de